選手

Gillette
The Best a Man Can Get
Share Moments. Share Life.
Kodak
NO TURN
NO TURNS

THE ICON

시대의 아이콘이 된 축구선수

영화 '모던 타임즈'와 '태양은 가득히'를 실제로 본 요즘 사람은 거의 없다. 하지만 그들은 TV 속 코미디언들이 찰리 채플린 분장을 하면 단박에 알아보며, 소설 '리플리'의 새 리메이크가 나오면 알랭 들롱 이야기를 한다. '로미오와 줄리엣' 이후 56년이 지났는데도 가수 뉴진스의 민지는 올리비아 허시에 비유된다. 시대의 아이콘이란 그런 존재다. 그 시절의 모든 업적이 희미해진 뒤에도 더 오래 기억되는 얼굴이 있다.

스포츠계에서 얼굴로서 아이콘이 된 자는 드물다. 데이비드 베컴은 그래서 특별하다. 베컴은 1990년대부터 2000년대 초반까지 세계 2인자(발롱도르 기준)인 적은 있어도 1인자가 된 적은 없었다. '4대 미드필더'였지만 당대 최고 미드필더는 아니었다. 그가 주전으로 뛰던 시기의 잉글랜드 대표팀은 성적이 영 시원찮았다. 그러나 베컴은 동시대의 어떤 선수보다 오래 기억된다.

베컴은 올해 초 한국을 찾았다. 인터 마이애미 구단주로서 아시아 투어에 동행하던 도중 짬을 내 왕년에 신던 축구화 프레데터의 신제품 발매 행사에 참여했다. 그의 현재를 따라 전 세계를 돌던 중 잠깐 과거로 시간여행을 떠난 날이었다. 명동 아디다스 매장에 베컴이 들어서는 순간, 분명 베컴의 플레이를 실시간으로 볼 수 없었던 나이의 참가자들이 팬심으로 가득한 탄성을 질렀다. 매장 바깥에는 지나가는 베컴의 옷자락이라도 찍어 틱톡에 올리려는 인플루언서들이 몇 겹으로 줄을 섰다. 그의 선수 시절을 몰라도 반갑고, 알면 더 반갑다. 베컴 못지않은 축구 실력을 갖췄던 선수들이 아무런 방해 받지 않고 서울과 도쿄 시내를 활보했다는 '굴욕 사진'이 종종 퍼지지만 베컴은 그럴 일 없는 남자다.

그런데 시대의 아이콘이란 그냥 잘생겨서 완성되는 것일까. 당대 축구를 직접 지켜본 사람들은 베컴이 '축구도 잘하고 얼굴도 잘생긴 선수'를 뛰어넘는 존재라는 걸 느꼈다. 베컴에게는 슈퍼스타의 아우라가 있었다. 스스로도 자신이 얼마나 스타성 있는 존재인지 잘 알았다. 축구는 잘하고 싶지만 유명해지고 싶진 않은 선수들이 즐비하고, 그 대척점에는 록스타처럼 유명세에 취해 방탕해지는 선수도 있던 시절이다. 그런데 베컴은 자신의 스타성을 일찍이 알아채고, 더 뜨거운 플레이와 멋진 이미지를 조합해 대중에게 선물할 줄 알았다. 본인 이미지를 포장하느라 머리를 굴리는 킬리안 음바페, 앙투안 그리즈만 등 요즘 선수들에게 베컴은 선구자다.

베컴은 당대 시대상을 대변하는 존재이기도 하다. 영국이 고루한 이미지였다면, 잉글랜드 축구가 무식하고 폭력적인 곳이었다면 베컴이 날고 기어도 동네 스타 정도에 그쳤을지 모른다. 하지만 때맞춰 영국은 오랜 무기력증에서 벗어나 세계적으로 멋진 나라 쿨 브리타니아로 발전해가고 있었다. 그들의 축구도 1980년대의 무질서와 비극을 털어내고 한층 정제된 상품으로서 전 세계 스포츠 애호가를 끌어당기기 시작했다. 베컴은 잉글랜드 축구의 멋, 나아가 영국의 멋을 상징하는 존재로 올라섰다.

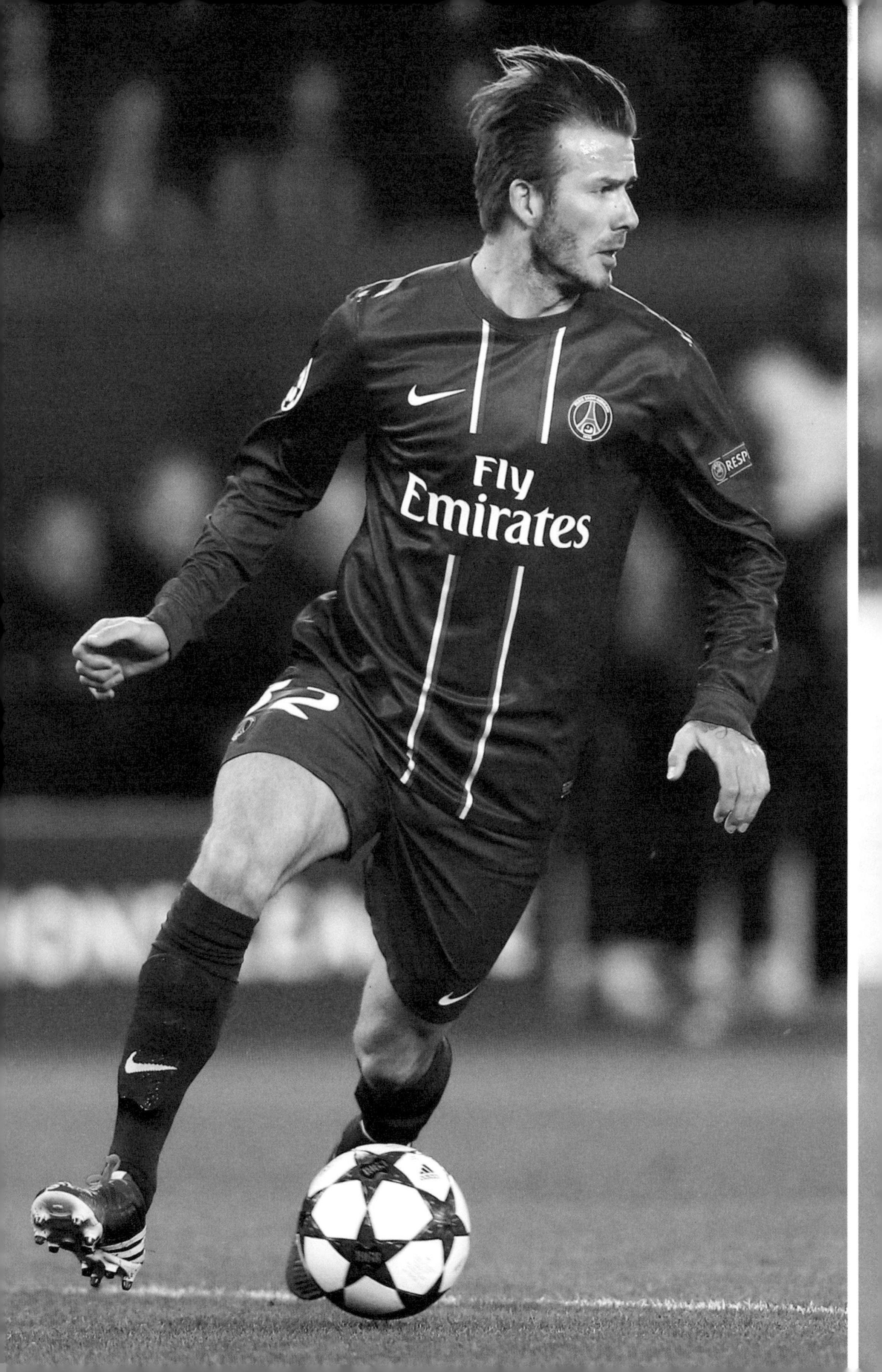
Fly
Emirates

THE TRAVELER

ENGLAND — SPAIN — USA — FRANCE

MANCHESTER UNITED 1992-2003
프리미어리그 1995-96, 1996-97, 1998-99, 1999-2000, 2000-01, 2002-03
FA컵 1995-96, 1998-99
채리티실드 1996, 1997
UEFA 챔피언스리그 1998-99
인터콘티넨털컵 1999

REAL MADRID 2003-2007
라리가 2006-07
수페르코파 데에스파냐 2003

LOS ANGELES GALAXY 2007-2012
통합우승 2011, 2012
서부컨퍼런스 정규시즌 우승 2009, 2010, 2011
서부컨퍼런스 플레이오프 우승 2009, 2011, 2012
서포터스실드 2010, 2011

PARIS SANIT-GERMAIN 2012-2013
리그앙 우승 2012-13

NATIONAL TEAM 1996-2009
PFA 영플레이어 1996-97
프리미어리그 도움왕 1997-98, 1999-2000, 2000-01
프리미어리그 10주년 베스트 일레븐 선정 2003
잉글랜드 올해의 선수 2003
잉글랜드 명예의 전당 2008
프리미어리그 명예의 전당 2021

UEFA
올해의 클럽 선수 1998-99
올해의 팀 2001, 2003

01

동런던의 소년, 아버지의 팀에 입단

베컴은 코크니, 즉 런던 동부 출신이다. 할아버지는 가까운 팀 토트넘 훗스퍼를 응원했다. 런던에 그대로 살았다면 토트넘이나 아스널 소속으로 데뷔한 베컴을 볼 수 있었을지도 모른다. 하지만 아버지는 오랫동안 맨체스터 유나이티드의 팬이었고, 꿈의 팀에서 러브콜이 오자 아들에게 입단을 권했다.

02

윔블던 골과 캉토나의 번호

데뷔 초창기 가장 유명한 플레이는 1996년 8월 윔블던을 상대로 넣은 하프라인 골이다. 경기장 절반을 가로지르는 장거리 킥은 그 궤적의 아름다움까지 더해 베컴을 상징하는 명장면으로 남았다. 이듬해 맨유 대선배 에릭 캉토나가 은퇴하면서 주장 완장은 로이 킨에게, 7번은 베컴에게 물려줬다. 베컴은 간판스타가 됐다.

03

트레블

1998-99시즌 맨유는 전설적인 트레블, 즉 3관왕에 오른다. 21세기 들어 트레블이 더 흔해졌지만 1990년대까지만 해도 빅리그 클럽이 트레블을 달성하는 건 오히려 중소리그 구단보다 더 어려웠다. 당시 맨유의 여정은 위기의 연속이었다. 베컴과 네빌 형제, 긱스 등 유소년팀 출신의 스타들이 힘을 합쳐 매 고비를 극복했다.

MOMENT

04

잉글랜드를 나락에서 구원한 프리킥

베컴이 활약하던 시기 잉글랜드 대표팀의 성적은 영 기대 이하였다. 그래서 베컴이 조국을 정상에 올린 기억은 없다. 대신 나락에서 구해낸 기억은 있다. 2002 한일 월드컵 예선에서 본선 직행이 무산될 위기에 몰리자, 최종전 패배 직전 환상적인 프리킥을 꽂아 넣으며 본선에 올렸다. 이 골이 아니었다면 일본 국민들은 베컴을 만나지 못할 뻔했다.

05

지단, 피구, 베컴

2003년 알렉스 퍼거슨 감독이 홧김에 걷어찬 축구화를 맞아 눈썹 아래가 찢어졌다. 불화설에 대한 자극적인 보도가 이어지는 가운데, 베컴은 레알 마드리드 합류를 택했다. 원래 보유한 슈퍼스타에 지네딘 지단, 루이스 피구, 호나우두, 여기에 베컴까지 추가한 팀이 완성됐다. 다만 마구잡이로 수집한 선수들의 플레이가 조화를 이루진 못했다.

06

축구의 신대륙

베컴은 아직 창창한 32세 나이에 마드리드를 떠나며 뜻밖의 미국 진출을 택했다. LA 갤럭시에 합류한 베컴은 본격적인 할리우드 스타가 됐고, 미국의 축구 인기를 증폭시켰다. 짬 날 때마다 AC 밀란과 파리 생제르맹으로 합류해 여전한 실력을 증명하는 한편 은퇴 후 미국 구단 인터 마이애미의 구단주가 될 기반도 닦아 놓았다.

CONTENTS

KING OF MANCHESTER

GALACTIC SUPERSTAR

ENGLAND'S SAVIOR

KING OF

영국은 한때 실직과 각자도생의 땅이었고, 맨체스터는
그중에서도 심각한 도시였다. 어려웠던 1980년대를 벗어난
영국은 1990년대 쿨하고 창의성 넘치는 나라로 다시 일어섰다.
그 중심에 축구가 있었고, 더욱 좁은 범위로 한가운데를
들여다보면 베컴이 있었다. 베컴의 등장과 활약은 오아시스,
블러, 대니 보일, 데미언 허스트와 더불어 한 시대를 표상하는
현상이었다. 그가 아이콘이 된 건 그저 잘생기고 축구를
잘한다는 단순한 이유를 넘어서는 사회적 요구 때문이었다.

“

마가렛 대처 수상의 시기에는 도움을 기다릴 수 없었다.
맨체스터는 리더가 나타나 주길 기다리지 않고,
도시 스스로의 힘으로 새로운 모습을 찾았다.
누구에게도 신세 지지 않은 위대한 북부 도시들이 있었다.
얼마나 나쁜 일이 있었든, 그 도시들은 스스로의 힘으로 재건했다.
축구팀들은 그 재건의 상징이었다.
특히 맨체스터 유나이티드가.

”

__ 대니 보일 영화감독

MANCHESTER

토트넘의 손자, 맨유의 아들

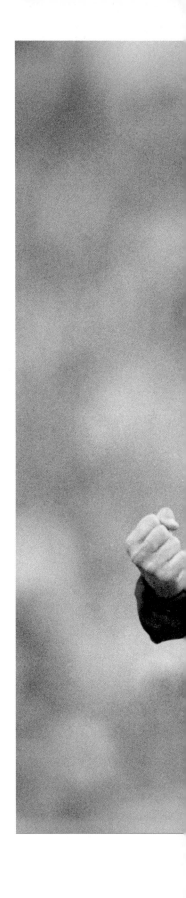

영국인에게 축구는 곧 인생이기에, 본적과 이름만으로도 그의 축구
정체성을 짐작할 수 있다. 베컴의 본적은 런던 동부다. 그래서 런던
사투리의 일종인 코크니를 쓴다. 훗날 영국 홍보대사 역할을 하던 베컴은
외국인들에게 잉글랜드 10대 여행지를 추천했는데, 그중에는 '토니 레인스
파이 앤드 매시 샵에서 진짜 동런던 음식 맛보기'가 있다. 파이 앤드 매시는
말 그대로 파이와 매시드 포테이토를 한 접시에 담고 소스로 덮은 음식이다.
한국인에게 보여줬을 때 영국 요리에 대한 편견을 깨기엔 역부족인
비주얼이다. 그야말로 런던 사람다운 추천 코스다.

데이비드 베컴의 할아버지 조셉 웨스트 베컴은 토트넘 홋스퍼의 시즌
티켓을 수십 년 동안 보유했던 골수팬이었다. 반면 아버지 에드워드 베컴은
런던에 살고 있음에도 불구하고 어려서부터 맨체스터 유나이티드를
응원했다. 아버지가 지어 준 데이비드의 전체 이름은 데이비드 로버트 조셉
베컴인데 조셉은 할아버지에게서 따 온 것이고, 로버트는 맨유의 전설적
선수였던 보비 찰튼에게서 따 온 것이다. 로버트를 줄이면 보비가 되기
때문이다.

어려서 꽤 괜찮은 축구 실력을 보였던 데이비드는 할아버지의 팀
토트넘에서 축구를 배울 기회를 잡았다. 그러나 유소년 팀 경기에 출장할
수준에는 도달하지 못했고 토트넘 축구학교에서 배우는 수준이었다. 그는
아스널 산하 축구학교에서도 잠깐 축구를 배웠다고 회고한다. 그러다
실력이 더 늘어 전국적인 스카우트 대상이 되자 아버지의 오랜 염원대로
맨유의 관심을 받을 수 있었다.

세계에서 가장 유명한 오른발의 소유자로 만들어 준 은인은 아버지다.
어려서부터 공원 잔디에서 아버지와 롱 패스 연습을 하며 킥력을 길렀고,
종종 맨발로 차기도 했다. 그때 든 버릇이 베컴 특유의 디딤발을 완전히
눕히는 킥 자세를 만들었다. 기본기와 킥 훈련을 철저히 했음에도 불구하고
체격이 너무 작아 어려서는 두각을 나타내지 못했는데, 그때 아버지의 처방
중 하나는 어린애에게 맥주를 먹이는 것이었다. 키 크라고 우유도 아니고
맥주를 준다는 게 황당하게 들리겠지만 영국은 과거 더러운 물 대신 맥주나

와인을 마셔야 했던 나라라 어린이 음주에 관대한 편이다.
또한 이 에피소드는 1975년생인 베컴이 스포츠 의학이
널리 퍼지기 직전 세대라는 걸 확인시켜 준다. 베컴의
직속 후계자인 1985년생 크리스티아누 호날두가 스포츠
의학으로 자기 몸을 아예 개조하다시피 했던 점과는
대조적이다. 어쨌든 아버지의 조치가 효과를 봤는지 원래
늦게 크는 체질이었는지 몰라도, 10대 후반이 된 베컴은
맨유 유소년팀 동료 중 오히려 키가 큰 편이었다.

베컴이 11세였던 1986년, 그의 운명은 이미 맨체스터를
향해 움직이고 있었다. 알렉스 퍼거슨 감독이 맨유에
부임했다. 당시에도 우승은 아니지만 1부 리그 중상위권을
유지하던 팀이었는데, 1986–87시즌 초 강등권으로
떨어지면서 급히 스코틀랜드 리그의 지배자였던 퍼거슨을
앉혔다. 퍼거슨은 첫 시즌을 11위로 수습하는 동시에
장기적인 성공을 위해 유소년팀을 들여다봤는데 그때 깜짝
놀랐다고 한다. 당시 맨체스터 전역의 스카우트가 맨유에
1명, 맨체스터 시티에 1명뿐이었기 때문이다. 요즘처럼
전 세계로 스카우트를 파견하기는커녕 연고지(현재 기준
맨체스터 권역 인구 약 600만 명)만 커버하기에도 턱없이
부족했다. 그래서 유소년 발굴 및 육성부터 강화했다.
웨일스 태생으로서 맨체스터 인근으로 이사 와 살던 어린
천재 라이언 긱스를 1986년에 영입했다. 1991년에는 런던
태생 베컴을 연습생으로 받았다. 먼저 맨유에 있던 두 살
위 긱스는 베컴에게 트리클(treacle)이라는 별명을 붙였다.
설탕의 부산물로 나오는 영국식 시럽을 의미하는데, 요즘
언어로 바꾸면 '스윗보이' 정도의 어감이다. 그때부터
잘생기긴 했던 것이다.

이렇게 쌓인 선수들이 유명한 '클래스 오브 92'다.
1992년 즈음 1군에 올라온 유소년팀 출신 스타들을
부르는 말인데 보통 베컴과 긱스, 게리 네빌과 필 네빌
형제, 니키 버트, 폴 스콜스까지 6명이 포함된다. 당시
유소년팀 생활이란 축구에 앞서 일단 생존부터 걱정해야
할 정도로 살벌했다고 한다. 그들이 선배들로부터 당했던
온갖 괴롭힘은 유명하다. 용품가방에 선수를 넣고 버스
짐칸에 실어버리는 장난은 버트와 스콜스가 차례로
당했다. 스콜스를 빨래 건조기에 넣고 문을 잠근 뒤 진짜
돌리는 시늉까지 해서 기겁하게 만들었는데, 버트는 그때
천식이 생겼을 거라고 추측한다. 클럽에 가서 여자들을
꼬셔오라는 선배들의 강압도 잦았다. 베컴은 팀 선배
클레이턴 블랙모어 사진을 보며 자위하는 시늉을 해야만

아버지와 알렉스 퍼거슨 감독으로부터 받은 엄한 사랑이 베컴이라는 선수, 그리고 저라는 사람을 만들었습니다.

아버지는 무척 엄했지만, 마치 제가 미래에 어떤 일을 겪을지 알고 계셨던 것 같기도 합니다.

매우 힘든 시기가 왔을 때 아버지가 아니었다면 그 시간을 견뎌내지 못했을지도 모르죠.

저는 아버지 덕분에 그런 것들을 떨쳐낼 수 있는 사람으로 성장했고,

경기에 집중하는 것 외에는 아무것도 걱정하지 않을 수 있었습니다.

그리고 맨체스터에서는 퍼거슨 감독이 아버지의 역할을 해주셨는데,

아마 두 분처럼 강인한 사람들이 없었다면 저는 이 자리까지 오지 못했을 겁니다.

_〈베컴〉 다큐멘터리 초연 특별 인터뷰

했다. 베컴의 맨살에 구두약으로 등번호를 적은 경우도 있었다. 흔히 신고식이라고 부르지만, 처음 유소년팀에 왔을 때 한 번만 당한 게 아니라 여러 차례 이어졌다는 걸 감안한다면 그냥 악폐습이라고 부르는 게 맞겠다. 나이가 좀 많은 긱스가 나머지 친구들에게 가해자인 경우도 있었다. 이들은 자기 기수에서 이런 악폐습을 없앴다고 하는데, 스스로의 증언이므로 걸러 들을 필요는 있다.

선배들이 마냥 괴롭히기만 한 건 아니었다. 베컴보다 18살 더 많았던 베테랑 미드필더 브라이언 롭슨이 자주 유소년팀 훈련에 내려왔다. 후배들에게 경험을 전수해 주고, 연습경기에서 상대팀과 시비가 붙으면 앞장서 기선을 제압해 주는 역할도 했다. 선배들이 괴롭히기만 한 게 아니라 돌봐주고 소속감을 고취시켜줬다. 흔히 쓰는 표현으로, 낭만의 시대였다.

당시 베컴과 친구들이 맨유라는 구단 이름만으로 자부심을 갖긴 쉽지 않았다. 그들의 성장기가 곧 맨유의 암흑기였다. 맨유는 1부 리그(당시 퍼스트 디비전, 현재 프리미어리그)에서 1966–67시즌 정상에 오른 뒤 다음 우승을 차지한 1992–93시즌까지 26년이나 걸렸다. FA컵은 그나마 1984–85시즌까지 우승을 이어왔지만 이후 한동안 끊겼는데, 역시 베컴의 10대 시절과 딱 겹친다. 반대로 맨유가 가장 증오하는 이웃 리버풀은 전성기를 달렸다. 전성기가 너무 지나쳐 1980년대에 리버풀 경기의 관중석에서만 두 차례 대형 참사가 일어났을 정도였다.

베컴과 친구들은 1992년 잉글랜드 축구협회(FA) 유스컵 결승전에서 셰필드 유나이티드 상대로 2전 전승을 거둬 트로피를 따냈다. 버트가 2골, 베컴이 1골을 넣었다. 이듬해도 결승에 올라 준우승했다. 1995년에는 베컴보다 두 살 어린 필 네빌이 유스컵 결승전 멤버로 뛰었다. 의심의 여지 없는 맨유 유소년 황금세대였다. 다만 이 멤버들 중 맨유 1군에서 자리 잡은 선수는 위 6명이 전부다. 다른 팀에서 스타급 선수로 성장한 인물은 한때 거친 플레이로 유명했던 로비 새비지 정도가 있고, 더 넓게 보면 뉴캐슬 유나이티드와 블랙번 로버스의 측면 자원으로서 프리미어리그를 누볐던 키스 길레스피도 포함할 수 있겠다. 하지만 '클래스 오브 92'로 인정받는 6명에 비하면 실력과 경력 모두 격차가 크다.

1992년은 마침 변화의 시기였다. 1980년대 참사로 위축됐던 잉글랜드 축구는 리브랜딩을 통해 돌파구를 찾으려 했다. 유럽 빅리그는 보통 퍼스트 디비전, 리그앙, 세리에A 등 자국의 언어로 '1부 리그'라는 의미에 그치는 경우가 많다. 이들과 달리 잉글랜드는 퍼스트 디비전 위에 프리미어리그라는 새로운 브랜드를 만들었다. 1992–93시즌 우승하는 팀은 프리미어리그 초대 챔피언이라는 영원히 변치 않을 영광의 주인공이 된다. 그리고 맨유 부임 후 번번이 퍼스트 디비전 우승에 실패했던 퍼거슨에게는 당장 1군에 기용할 만한 유망주들이 잔뜩 준비되어 있었다.

CLASS

HAMPSHIRE

OF 92

라이언 조셉 긱스 1973. 11. 29

▶ 왼쪽 미드필더, 가끔 오른쪽 미드필더, 중앙 공격형 미드필더, 중앙 미드필더

1990~2014

잉글랜드 대표팀이 가장 갖고 싶었던 단 한 명. 2000년 전후 잉글랜드 대표팀의 미드필드는 왼쪽 날개만 빼고 모두 맨체스터 유나이티드 선수로 구성할 수 있었기 때문에 이들의 기량과 호흡 모두 세계 최고를 다툴 만했다. 문제는 왼발잡이가 없다는 것이었다. 다른 구단의 스타 미드필더 스티브 맥마나만, 스티븐 제라드, 프랭크 램파드, 대니 머피 모두 오른발잡이였다. 그래서 2002 한일 월드컵에는 트레버 싱클레어라는 약간 아쉬운 왼발잡이가 선발 자리를 꿰차고 슈퍼스타 10명 사이에 껴 있기도 했다. 긱스의 전성기 내내 잉글랜드 매체들이 '저 친구가 웨일스 아닌 잉글랜드 국적을 택했어야 하는데'라고 한탄하며 그가 삼사자 군단의 일원이 된 평행우주를 상상한 것도 당연한 일이었다. 웨일스 카디프 출신인 긱스는 럭비 선수 아버지를 따라 맨체스터 지역으로 이주했고, 처음에는 맨체스터 시티의 스카우트를 받았다. 그러나 부임 직후의 알렉스 퍼거슨 감독이 꼭 잡아야 하는 꼬마가 있다는 이야기를 듣고 친히 나서며 맨유 유니폼을 입게 됐다. 전성기 때는 데이비드 베컴과 좌우 날개를 이뤄 환상적인 조화를 이뤘다. 동시대 또 한 명의 전설적 윙어 루이스 피구에 비하면 돌파와 킥의 꾸준함은 떨어졌지만, 대신 영국 선수답게 활동량과 수비 등 모든 면에서 빠지지 않는 다재다능함을 자랑했다. 서른 즈음 신체능력이 감퇴하면서부터 플레이스타일을 조금씩 바꿀 수 있었던 것도 그 다재다능함 덕분이었다. 특히 맨유가 쓸만한 미드필더를 영입하지 못하자 아예 중앙 미드필더로 변신해 공을 뿌리기도 했고, 크리스티아누 호날두가 전성기로 올라서자 그의 반대쪽 측면에서 패스 배급과 공수 균형으로 멋진 모습을 보여줬다. 이처럼 여러 번 변신해 가며 롱런한 끝에 구단 역사상 최다출장인 컵대회 포함 963경기, 맨유 소속 최다 트로피인 35개를 달성했다. 여러모로 환상적인 선수지만 아쉽게도 2010년대 이후 그의 플레이를 기억하는 사람은 드물다. 여러 차례에 걸친 불륜 행각, 그중에서도 제수씨가 불륜 상대였던 엽기적인 사연으로 현역 시절은 묻혀 버렸고, 꺼림직한 이름이 되었다.

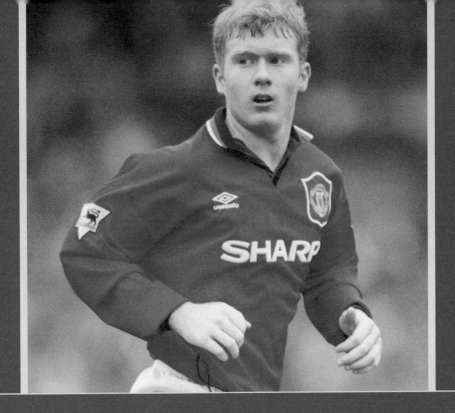

폴 스콜스 1974. 11. 16

1993~2013

▶ 중앙 미드필더를 비롯한 모든 미드필더 역할과 섀도 스트라이커

업계 인증 마크가 붙은 미드필더. 축구 팬들은 뭘 잘하는지 봐도 모르겠는데, 동료 선수와 감독들의 칭찬은 책 한 권을 채울 정도로 쏟아지는 선수다. 신체능력은 나쁜 편이었고 기술도 엄청나진 않았기 때문에 시청자들의 눈에는 띄지 않는다. 대신 같은 훈련을 해 온 선수라면 눈치챌 수 있는 지능과 감각 측면에서 천재였다. 유소년 시절 베컴 등은 훈련장 가장자리에서 노상 방뇨하는 게 일상이었는데 스콜스가 있을 때만큼은 등을 보이고 바지를 내리는 게 금기였다고 한다. 아무리 먼 거리라도 스콜스가 롱 킥을 날려 방뇨자의 등을 맞혔기 때문이다. 이 능력은 선수로 데뷔한 뒤 그를 상징하는 기술, 정확한 롱 패스로 이어진다. 스콜스는 체격조건이 떨어짐에도 불구하고 상대 진영 가운데서 공간을 찾고 활용하며 주위 선수들을 연결해 한 조직을 만들어내는 인력(引力)이 뛰어났다. 그래서 보통 중앙 미드필더 두 명 중 약간 공격적인 위치에서 뛰었다. 그러다 팀에 스트라이커가 부족해지면 전방으로 올라가 투톱의 일원으로 활약하곤 했는데 그럴 때마다 동료 공격수는 20골 넘게 넣도록 만들어 주고, 자신은 10골 정도를 넣을 수 있었다. 예를 들어 2002-03시즌 뤼트 판니스텔로이를 보좌할 공격수가 애매해지자 스콜스가 이 역할을 맡아 컵대회 포함 20골을 쏟아부었다. 특히 정확한 임팩트에서 비롯되는 중거리슛과 발리슛, 공의 낙하지점으로 한발 먼저 파고들기 때문에 가능했던 헤딩슛이 그의 특기였다. 말년에 수비형 미드필더로 변신했고, 이때도 천재성을 확실하게 입증했다. 나이가 많아지고 한때 시력 문제까지 겪은 스콜스는 유일한 신체적 장점이었던 민첩성까지 감퇴한 상태였다. 게다가 스콜스 옆의 파트너 미드필더도 기동력과는 거리가 있는 마이클 캐릭이었다. 그렇지만 두 선수의 조합은 맨유 중원을 부활시키면서 프리미어리그 3시즌 연속 우승 및 UEFA 챔피언스리그 우승의 원동력이 되었다. 퍼거슨은 유망주 폴 포그바가 아니라 한번 은퇴했던 스콜스를 복귀시켜 주전으로 썼을 정도로 그에 대한 신뢰가 두터웠다. 누적 출장 기록은 긱스, 보비 찰튼의 뒤를 잇는 718경기.

니콜라스 '니키' 버트 1975. 1. 21

▶ 수비형 미드필더, 가끔 측면 미드필더

맨체스터시 중에서도 고튼 출신이다. 고튼은 빈곤하고 거친 동네로 유명하다. 고튼을 배경으로 한 영국 드라마('셰임리스')를 미국에서 리메이크하면, 그 배경은 시카고 인근의 빈민가가 된다. 이런 출신 때문인지, 버트는 동년배들 중 눈에 띄는 터프가이였다. 키가 178cm에 불과해 몸싸움에 별 우위는 없었지만 상대 선수와의 몸통 박치기를 두려워하지 않고 필요하다면 카드도 수집했다. 2002-03시즌 레알 마드리드와 벌인 맞대결에 전 세계의 이목이 집중돼 있을 때, 경기가 시작하자마자 지네딘 지단을 걷어찬 것이 대표적이다. 요행히 옐로카드를 면한 그 반칙을 통해 지단에게 '발재간 한 번 더 부리면 가만 안 둬'라는 메시지를 보낸 셈이었다. 그의 성격은 어렸을 때부터 터프했다. 친구들은 보통 선배들의 장난에 당한 이야기에 등장하지만 버트는 반대다. 한번은 그보다 12살이나 많고 키는 15cm나 큰 골키퍼 페테르 슈마이켈을 놀려주려고 발가벗은 슈마이켈 바로 뒤에 뜨거운 주전자를 슬쩍 갖다 댔다. 그런데 슈마이켈이 몸을 홱 돌리는 바람에 엉덩이가 아니라 성기가 닿았다고 한다. 이쯤 되면 라커룸에서 죽지 않고 생존한 게 용할 지경이다. 이런 성격은 로이 킨이 없을 때 경기운영과 공격력은 대체할 수 없어도 중원 수비력만큼은 대체할 수 있게 해 주는 중요한 덕목이었다. 1993-94시즌 맨유 2군 최우수 선수로 선정됐고, 1997-98시즌 킨이 알프잉에 홀란(엘링 홀란의 아버지)에게 당한 태클로 장기 결장하자 그 자리를 성공적으로 메우며 선수협회 선정 시즌 베스트팀에 오르는 기염을 토했다. 또한 3관왕 도전으로 인해 경기 수가 폭증했던 1998-99시즌에는 47경기나 뛰었는데, 교체 출장 횟수가 많긴 하지만 팀 내 11위로 어엿한 주전급 출장을 기록했다. 2004년 맨유를 떠나 뉴캐슬 유나이티드로 이적했고 2006-07시즌 놀베르토 솔라노, 엠레 벨뢰졸루, 키어런 다이어, 제임스 밀너 등 화려한 동료들을 제치고 뉴캐슬 최우수 선수로 선정됐다. 2011년 홍콩에서 선수 경력을 마무리했고, 이후 맨유 유소년팀에서 여러 직책을 맡다가 2021년 떠났다.

Gary Neville 1992~2011
Phil Neville 1994~2005

게리 알렉산더 네빌 1975. 2. 18 ▶ 라이트백, 가끔 센터백
필립 존 '필' 네빌 1977. 1. 21 ▶ 좌우 풀백, 미드필더 전 포지션

축구와 더불어 영국 최고 인기 스포츠는 크리켓이다. 게리와 필 네빌 형제는 원래 크리켓 유망주였다. 영국 역사상 최고 크리켓 스타 중 한 명인 앤드류 플린토프는 유소년 시절 형제를 모두 경험해 봤는데, 그는 "필 네빌은 크리켓 천재였고 잉글랜드의 사친 텐둘카르(크리켓의 신으로 불렸던 인도 선수)가 될 수 있을 정도의 자질이 있었다. 게리도 뛰어났지만 필이 더 대단했다"라고 증언한 바 있다. 필은 잉글랜드 청소년 대표로서 웸블리 만원 관중 앞에서 이미 뛰어 봤을 정도였다. 형제의 우열은 크리켓과 축구를 병행하다가 결국 맨유 유소년팀에 집중하기로 한 날부터 역전됐다. 여전히 하이라이트 필름을 보면 게리보다 필이 더 공을 잘 차고, 더 기술적인 선수라는 걸 확인할 수 있을 것이다. 대신 게리에게는 리더십이 있었다. 그는 유소년팀 주장으로서 또래 선수들을 규합할 줄 알았다. 로이킨이 떠난 뒤 1군 주장직을 이어받은 것도 네빌이었다. 또한 베컴과의 호흡이 엄청났는데, 둘 다 측면 돌파와 발재간은 부족했음에도 불구하고 왕성한 활동량으로 위치를 바꿔가며 한 명이라도 노마크가 되면 즉시 크로스를 올려버리는 공격이 강력했다. 다만 30대에 당한 큰 부상으로 기량 저하가 오면서 출장 시간이 줄어들다가 36세에 맨유 소속으로 은퇴했으며, 팀내 통산 출장은 컵대회 포함 602경기로 5위에 올랐다. 맨유를 넘어 프리미어리그 역대 최고 풀백 중 한 명으로 꼽힌다. 필은 한 포지션에 정착하지 못했지만 오른쪽 수비, 왼쪽 수비, 중앙 미드필더, 측면 미드필더 등 어느 위치에 배치되든 자기 몫을 해내는 선수였다. 2004년 즈음에는 하나같이 애매했던 맨유 중앙 미드필더 중 킨의 파트너로서 가장 잘 맞는 짝이기도 했다. 맨유에서 386경기를 소화한 뒤 에버턴으로 이적, 확고한 주전 및 주장직을 차지했고 8시즌 더 활약한 뒤 은퇴했다. 선수 은퇴 후 게리는 발렌시아 감독직에 도전했으나 크게 실패한 것 외에는 본업인 방송해설에 전념하고 있다. 필은 발렌시아 코치로서 형과 함께 추락하는가 하면 잉글랜드 여자 대표팀, 인터 마이애미 등을 지도했으나 딱히 족적을 남기진 못했다.

1990년대 세상 사람들의 절반은 맨체스터라는 지명을 듣고 맨체스터 유나이티드를 떠올렸다. 나머지 절반은 오아시스를 떠올렸고, 좀 더 음악을 좋아한다면 더 스미스와 스톤로지스라는 밴드 이름까지 댈 수 있었다. 맨체스터는 축구뿐 아니라 음악으로도 전 세계를 뒤흔든 도시였다. 달력을 조금 앞으로 넘겨보자. 맨유 서포터의 주축을 이루던 노동자들은 1980년대 응원팀의 부진보다 더 큰 문제에 직면해 있었다. 인생 전체가 피폐했다. 철의 여인으로 유명한 마거릿 대처 총리의 재임 기간이 1979년부터 1990년까지다. 그의 신자유주의 정책으로 인해 국가경제의 타격은 곧 보통사람의 실업으로 이어졌다. 특히 공업도시와 광업도시가 활력을 잃어갔다. 맨체스터는 면방직 산업의 중심지로서 한때 융성했고 리버풀은 그 물류 허브였다. 안 그래도 쇠락하던 중이었기에 두 배로 고통받은 지역이다. 밴드 스톤로지스의 개리 마운필드는 "음악을 시작한 건 대처 덕분"이라고 말한 바 있는데 그 이유란 대처 덕분에 실업자가 됐기 때문에

왜 베컴은 한 시대의 아이콘인가

베이스라도 잡아야 했다는 것이다. 괜히 2013년 대처가 사망했을 때 영국 시민들이 애도는커녕 마녀가 죽었다며 축제를 벌인 게 아니다. 암울한 1980년대 공기는 축구 팬들의 폭력성으로 이어졌고, 홀리건 난동의 여파로 잉글랜드 축구는 국제대회에서 쫓겨났다. 대중문화 역시 에너지가 속에서 축적되고 있을 뿐 겉으로는 암울했다. 그러다 대처가 물러나면서 영국 사회는 활기를 찾았다. 대처 직후에도 여전히 보수당 정권이었지만 이미 사회 분위기는 밝아졌고, 1997년 노동당이 압도적 대승을 거두면서 세련된 이미지의 토니 블레어 총리가 등장하자 그동안 쌓인 에너지가 예체능계에서 폭발적으로 분출됐다. 이 시기 데뷔해 영국의 거장이 된 영화감독 대니 보일은 "이기주의와 개인주의가 판치던 시절을 지나, 낙관적 이상주의가 다시 돌아온 시기"라고 회고한다. 그의 출세작 '트레인스포팅'이 딱 1996년 작품이다.

해외에서 영국을 바라보는 이미지도 급격하게 전환됐다. 미국 타임지는 당시 영국의 문화적 융성을 쿨 브리타니아Cool Britannia라고 명명했다. 록에서는 오아시스를 비롯한 브릿팝이 떠올랐고, 팝계에서는 스파이스 걸스가 대두되면서 두 그룹 모두 미국 시장에서 엄청난 인기를 끌었다. 둘의 공통점은 영국색이 강했다는 것이다. 노엘 갤러거는 기타에 영국 국기 유니언잭을 그렸고, '진저 스파이스' 게리 할리웰은 유니언잭 원피스로 큰 화제를 모았다.

이제 미국인들이 보기에 영국은 낡고 따분한 선조들의 나라가 아니라 동시대 대중문화를 선도하는 세련된 나라가 된 것이다. 영화계에서는 전 세계 로맨틱 코미디의 표준을 만든 제작사 워킹타이틀이 1994년 기념비적인 작품 '네 번의 결혼식과 한 번의 장례식'을 내놓았고, 1999년 '노팅 힐'을 선보였다. 심지어 미국인 감독 토드 헤인즈는 보통 모국을 배경으로 영화를 만들곤 했지만 1998년작 '벨벳 골드마인'은 영국 밴드문화를 동경하는 내용이다. 여기에 디자이너 알렉산더 맥퀸, 현대미술가 데미언 허스트 등 예쁘고 비싼 걸 만드는 사람들도 1990년대에 속속 등장했다. 일부러 유니언잭 소품을 만들지 않아도 자연스럽게 국기를 입을 수 있는 게 축구팀이다. 잉글랜드 대표팀은 때마침 좋은 성적을 냈다. 1990 이탈리아 월드컵에서 4위, 유로 1996에서는 3위에 올랐다. 2000년대 온갖 대회에서 부진했던 것과 비교하면 1990년대의 성적은 썩 좋은 편이었다. 그리고 예술과 축구 양쪽에서 맨체스터는 중심 도시였다. 1992년은 맨체스터라는 도시에 있어 상징적인 해다. 그해 아일랜드 무장 독립운동 단체[IRA]의 폭탄 테러로 맨체스터 시내에서 64명이 부상당하는 사건이 벌어졌다. 지역사회가 바닥을 찍고 막 부상하던 시기에 그들의 축구도 희망을 불러올 새 유망주들 '클래스 오브 92'를 만났다.

베컴 데뷔 즈음 맨체스터는 언더그라운드 음악의 중심지였다. 라이언

긱스를 비롯한 맨유 선수들도 자기관리가 아직 느슨하고 소셜미디어가 없었던 시대 덕분에 클럽을 자주 출입할 수 있었다. 초창기 오아시스가 공연했던 곳이라 여전히 록의 순례객들이 찾는 보드워크가 대표적이다. 당시 클럽에서는 라이브 연주가 주류였기 때문에 세계적인 록 밴드들이 성장할 수밖에 없는 환경이었다. 또한 클럽이 많다는 건 성소수자 친화적이고 퀴어문화가 잘 퍼진다는 의미도 된다. 괜히 유명한 드라마 '퀴어 애즈 포크'가 맨체스터를 배경으로 하는 게 아니다.

그 시대의 한가운데 있던 존재가 베컴이라는 걸 알고 나면 왜 미국 축구계에서 굳이 베컴을 지목해 영입하려 했는지, 그리고 자신의 위상을 잘 파악하고 있던 베컴이 왜 러브콜을 받아들였는지 이해하기 쉽다. 베컴은 잉글랜드 국기를 입고 미국인들도 보는 월드컵 하이라이트에 등장했던 세계적 스타였다. 그리고 쿨 브리타니아의 중심에 있던 '포시 스파이스' 빅토리아와 결혼하면서, 이 가족은 스포츠와 팝을 아우르는 거대한 아이콘이 됐다. 거대한 문화적 자산을 만들어 놓고 베컴이 평범한 스타 선수처럼 유럽 지도자의 길로 돌아간다면 그것이야말로 낭비였다.

쿨 브리타니아의 상징,

왜 베컴은 한 시대의 아이콘인가

02

예술점수 만점,
7번의 계승자가 될 자격

데이비드 베컴과 친구들이 맨체스터 유나이티드를 정점에 올릴 수 있었던 건 재능의 총합이 거대했기 때문도 맞지만, 더욱 중요한 요소는 알렉스 퍼거슨의 축구를 어려서부터 체화했다는 점이었다. 토니 블레어 전 영국 총리는 퍼거슨에 대해 "정계에 입문했어도 훌륭한 정치가가 됐을 인물"이라고 평했다. 퍼거슨은 축구만 잘 아는 게 아니라 관리와 경영 능력 자체가 탁월했다. 그는 팀플레이를 흔히 거위 떼의 장거리 비행에 비유했다. V자 대형으로 날며 서로의 공기저항을 줄여주는 새들처럼 끈끈해야만 한다는 것이다. 그는 워크에식(work ethic)을 유독 강조하기도 했는데, 이 스포츠 용어는 흔히 직업정신으로 번역되지만 퍼거슨의 경우에는 노동당 골수 지지자이자 사회주의적 가치를 축구에 녹이려 했던 인물답게 노동 윤리라는 의미로 접근했다. 선수들이 각자 노동자임을 자각하고, 노동자로서 협동하길 바라는 것이 맨유의 문화였다. 그래서 퍼거슨은 해외에서 온 스타 선수들을 경계했으며 이질적인 스타가 지나치게 많은 숫자를 차지하지 않도록 늘 조절하려 했다. 퍼거슨의 이런 성향은 전성기 맨유의 탁월한 조직력이라는 형태로 구현된다. 당시 맨유의 패스 앤드 무브는 잉글랜드 팀답지 않게 상당히 세련됐고, 잘 돌아가는 날에는 마치 네덜란드식 축구처럼 전원의 움직임이 착착 맞아가며 공간을 창출하곤 했다.

1992년 즈음 1군에 데뷔한 베컴과 또래들은 서서히 팀 내 입지를 넓히다 1995년 주류로 올라선다. 기존 스타 선수들이 팀 분위기를 흐린다 싶으면 거리낌 없이 숙청하는 것이 퍼거슨식 장기집권의 비결이다. 경력을 통틀어 웨일스 대표로 72경기를 뛰게 되는 스타 공격수 마크 휴즈를 첼시로 이적시키면서 그 자리를 폴 스콜스로 메웠다. 잉글랜드 대표로 53경기를 소화하는 미드필더 폴 인스는 인테르밀란으로 보내면서 니키 버트로 대체했다. 러시아 대표에서 36경기를 소화한 당대의 스타 윙어 안드레이 칸첼스키스를 에버턴으로 방출하며 라이언 긱스와 베컴을 위한 자리도 마련했다. 이듬해 잉글랜드 대표 풀백 폴 파커, 윙어 리 샤프도 내보냈다.

어린 나이에 대거 1군으로 승격된 선수들은 퍼거슨의
총애를 받았다. 하루아침에 주전이 된 유망주들이 선발
명단에서 빠질 때 불만을 품기 쉽다는 걸 우려해 핑계인 게
빤하더라도 꼭 이유를 알려주려 노력했다. 게리 네빌에게는
"관중석에 미친 네오나치가 있는데 어린 네가 감당하기
힘들 것 같구나"라는 말을 한 적도 있었다. 베컴과 친구들은
보호받고 있다는 감각 속에서 프로 선수로 적응할 수
있었다.

대망의 1995-96시즌 개막전, 애스턴 빌라 원정에서 베컴은
프리미어리그 데뷔골을 넣었다. 팀은 1-3으로 졌다. 해설가
앨런 핸슨이 "어린 선수들로는 우승할 수 없다. 영입이
필요하다"는 논평을 냈다. 그러나 이후 팀은 5연승을
달렸다. 초반 6경기 동안 베컴이 2골, 긱스가 2골, 스콜스는
무려 5골을 넣으면서 물어뜯을 준비 중이던 평론가들의
입을 다물게 만들었다.

그리고 시즌 8번째 경기였던 10월 1일 리버풀전에서
맨유 최고 스타 에릭 칸토나가 복귀했다. 칸토나는 앞선
시즌 욕을 퍼붓는 관중에게 날아차기를 시전한 일명
'쿵푸킥 사건'으로 장기간 선수 자격이 정지됐던 차였다.
돌아온 칸토나가 첫 경기에서 바로 페널티킥을 넣으면서
맨유의 신구조화가 완성됐다. 맨유는 리그에서 가장 큰
걸림돌이었던 뉴캐슬 유나이티드 상대로 2전 전승을
거두며 우승했다. FA컵 4강에서 첼시를 꺾을 때 베컴이
골을 터뜨리고, 결승 리버풀전은 칸토나가 선제 결승골을
넣으며 정상에 올랐다. 베컴은 리그 7골, 여기에 FA컵
1골을 더해 총 8골을 터뜨렸다. 번호는 24번이었다.

이어진 1996-97시즌 베컴은 휴즈가 떠난 뒤 비어 있던
10번을 달았다. 팀은 프리미어리그 우승을 차지했고 베컴의
득점은 프리미어리그 8골, 컵대회 포함 12골로 늘었다.
하지만 이런 수치보다 더 오래 남는 한 장면이 있다. 8월
17일 시즌 개막전 윔블던을 상대한 원정에서 베컴은 그
유명한 하프라인 골을 터뜨렸다. 팀이 두 골 차로 이기고
있던 경기 막판, 상대 골키퍼가 잔뜩 나와 있는 걸 본
베컴이 중앙선도 넘지 않은 곳에서 오른발을 휘둘렀다.
슛보다는 장거리 패스에 가까운 동작이었다. 허겁지겁
골대로 돌아가는 골키퍼의 머리 위, 그리고 크로스바보다는
아래로 절묘하게 통과한 공이 그물을 출렁였다.

"그런 걸 시도한 선수는 펠레 이후 처음 아니냐"라고 버트가
말했을 정도로 깊은 인상을 남긴 역사적 순간이다. 사실 그
정도로 드물다는 건 심한 과장이지만, 버트가 호들갑을 떤

건 그만큼 예술점수가 높았기 때문이고 축구사에 길이 남을
정도로 뇌리에 박힌 케이스가 드물기 때문이다. 버트가
말한 펠레의 시도는 1970년 멕시코 월드컵에서 체코
상대로 날린 슛인데 굉장히 유명하긴 하지만 사실 들어가진

한 번에 쏙 들어가게 넣은 경우는 드물다. 예술점수까지 비슷한 골을 찾자면 1998년 바르셀로나의 히바우두가 아틀레티코 마드리드 골문에 넣은 것 정도가 있겠다. 이처럼 우아하면서도 강렬한 골이다 보니, 프리미어리그 출범 10주년 기념 시상식에서 팬 투표 22%를 득표해 역대 최고 골로 선정됐다. 2위는 데니스 베르캄프의 유명한 뉴캐슬전 골로 17%를 가져갔다. 베르캄프를 상징하는 저 명장면을 따돌렸다는 건 엄청난 일이다. 이처럼 강렬한 인상을 남긴 베컴은 선수협회 선정 올해의 영플레이어를 수상한다.

그리고 1997년 여름 맨유와 베컴은 과도기를 일단락 지으며 온전히 새로운 시기로 들어선다. 칸토나가 만 30세에 불과한 나이에 은퇴를 선언했다. 프랑스인 칸토나는 프리미어리그를 우물 안 개구리 신세에서 끄집어내 유럽 대륙의 축구 발전에 동참하게 해 준 상징적인 존재였다. 1985년 유로피언컵(현 UEFA 챔피언스리그) 결승전에서 리버풀 측 관중 난동으로 벌어진 헤이젤 참사로 징계가 내려져 잉글랜드 구단의 유럽대항전 참가가 5년간 정지됐고, 이 기간에 잉글랜드의 대외경쟁력은 잔뜩 쪼그라들었다. 이를 회복하기 위한 행정적인 조치가 프리미어리그 출범이었다. 동시에 칸토나를 앞세운 맨유가 1996-97 UEFA 챔피언스리그 4강까지 오르며 많이 회복한 경기력을 증명했다. 칸토나가 먼저 길을 열자, 뒤를 이어 아스널의 네덜란드인 데니스 베르캄프, 첼시의 이탈리아인 잔프랑코 졸라 등 유럽 각국의 테크니션들이 프리미어리그 강팀에 팀당 1명씩 영입돼 창의성을 담당하게 된다.

이처럼 거대했던 존재가 떠나면서 주장 완장은 로이 킨에게, 그리고 7번은 베컴에게 계승됐다. 다른 팀이었다면 7번이나 10번이나 똑같이 좋은 번호라고 하겠지만 맨유는 다르다. 조지 베스트부터 칸토나까지 위대한 선배들이 달았던 번호를 이어받으면서 베컴은 새 시대의 주인공으로 공인받은 셈이었다.

칸토나 없이 치른 1997-98시즌은 잘 풀리지 않았다. 시즌 초에는 선두를 달렸으나 12월부터 3월 사이에 5패를 당한 것이 치명적이었다. 특히 아스널 상대로 0-1로 패배하자, 이후 7경기에서 5승 2무를 거뒀으나 결국 아스널을 따라잡지 못했다. 그럼에도 베컴이 기대에 못 미쳤다고는 할 수 없었다. 베컴은 리그에서만 9골 13도움을 기록하며 도움왕이 됐다.

않았다.

하프라인이라는 거리만 따지면 사비 알론소 등 많은 선수들이 장거리슛을 넣었지만 베컴처럼 골키퍼의 머리 위를 정확히 노려서, 골문 앞에서 통통 튕기는 게 아니라

7

한때는
세계에서
가장
빛나던
숫자

GEORGE BEST

조지 베스트

전설적인 측면 공격수 베스트는 스트라이커 데니스 로, 미드필더 보비 찰튼과 더불어 1960년대 세계 최강 삼각편대를 이뤘다. 다른 팀 7번은 미드필더의 번호일 수도 있지만, 맨유에서는 가장 화려한 선수가 7번을 달아야 한다는 전통을 확립한 레전드다. 아이돌 기질이 있었다는 점에서도 베컴과 호날두의 대선배.

1980'S ————
BRYAN
ROBSON
브라이언 롭슨

캡틴 마블. 1980년대를 풍미하며 알렉스 퍼거슨 부임
직후 1차 도약을 이끌었고, 데이비드 베컴을 비롯한
1990년대의 주역들과 교차하며 아름답게 퇴장했다.
공격과 수비, 기술과 신체 등 모든 측면에서 뛰어났던
팔방미인 미드필더였다. 무엇보다 리더십과 투지까지
겸비했기에 맨유 주장으로 딱이었다.

1990'S ————
ERIC
CANTONA
에릭 칸토나

26세에 맨유로 와 31세에 은퇴했다. 뛴 기간은 짧은
선수였다. 하지만 이 책에도 소개돼 있듯 탁월한
축구선수를 넘어 한 시대의 아이콘으로서 손색이 없는
선수다. 자기애와 자부심이 엄청나게 강한 면모는
삼국지의 관우를 연상시킨다. 옷깃을 세우고 거만하게
주위를 둘러보는 골 세리머니도 유명하다.

1990'S
DAVID
BECKHAM
데이비드 베컴

42

CRISTIANO RONALDO

크리스티아누 호날두

2003년 당시에는 베컴의 번호를 18세 애송이가
물려받았다며 논란이 일었지만, 6년 뒤 맨유를 떠날
때는 구단 역대 최고 스타 중 한 명으로 기억됐다.
퍼거슨의 지도를 받으며 엄청난 득점력의 윙어로
성장해 구단에 빅 이어를 선사했고, 당시 세계 최고
이적료를 기록하며 레알 마드리드로 향했다.

안토니오 발렌시아
앙헬 디마리아
멤피스 더파이
알렉시스 산체스
에딘손 카바니
크리스티아누 호날두(2기)
메이슨 마운트

호날두 이후에는 7번의 진정한 주인공이 나타나지
못했다. 발렌시아와 디마리아는 맨유에 있는 동안
준수한 활약을 했다고 볼 수도 있겠지만 선배들에
비하면 경기력이 부족하거나, 맨유에 헌신한 기간이
부족했다. 아예 실패작으로 기억되는 더파이, 말썽만
일으키고 떠난 2기 호날두는 말할 것도 없다.

03

잉글랜드의 정상
유럽의 정상
세계의 정상

위대해질 준비는 끝났다. 데이비드 베컴의 생애 첫 프리킥
골은 1996-97시즌 사우샘프턴 상대로 이미 터졌지만
2년이 지난 1998년 여름의 감도는 몇 배로 날카로웠다.
프리미어리그 개막전, 레스터시티에 패배하기 직전
추가시간에 베컴의 프리킥이 꽂히면서 무승부를 따낼 수
있었다. 앞선 채리티실드(슈퍼컵)에서 아스널에 패배했기
때문에 연패에 빠지지 않은 건 의미가 컸다. 베컴은 UEFA
챔피언스리그 첫 경기였던 바르셀로나전에서도 3-3 동점을
만드는 프리킥 골을 작렬시켰다. 1998-99시즌은 누구나
아는 맨체스터 유나이티드의 3관왕, 즉 트레블 시즌이다.
특이한 건 어느 대회에서도 쉽게 우승하지 못했다는
것이다. 요즘 트레블을 달성한 팀들을 보면 압도적인
전력으로 자국 리그를 쉽게 제패하면서 아낀 힘으로
컵대회까지 쓸어가는 경우가 많다. 그런데 맨유는 시즌
막판까지 리그 우승을 장담하기 힘든 상황에서 매 경기를
결승전처럼 치렀다.
특히 매 단계가 토너먼트로 진행되는 FA컵이 난관의
연속이었다. 4라운드에서 라이벌 리버풀을 너무 일찍
만났다. 리버풀의 마이클 오언에게 선제골을 내주고
끌려가던 경기는, 막판 베컴이 찍어 올린 프리킥을 앤디
콜이 헤딩하고 드와이트 요크가 밀어 넣어 원점으로
돌아갔다. 2분 뒤 슈퍼서브 올레 군나르 솔샤르가
역전골까지 터뜨렸다. 다음 상대 풀럼도 1-0으로 어렵게
이겼다. 그다음 첼시는 무승부 후 재경기에서 꺾었다.
운명의 라이벌 아스널을 4강에서 만났다. 아스널전 역시

한 번은 무승부였고, 3일 뒤 재경기가 벌어졌다. 명경기의
모든 요소가 응축한 한판이다. 전반 17분 베컴의 아름다운
중거리슛이 맨유에 리드를 안겼다. 이후에도 맨유가
우세한 흐름이었지만 후반 24분 데니스 베르캄프가
평소의 여유 넘치는 로빙슛이 아니라 독기 서린 중거리
강슛으로 골을 터뜨리며 경기는 원점으로 돌아갔다.
그리고 아스널의 니콜라스 아넬카가 골망을 흔들었으나
오프사이드로 취소됐으며, 맨유의 로이 킨은 마르크
오베르마스에게 깊은 태클을 가했다가 두 번째 경고를
받고 퇴장당했다. 후반 추가시간 필 네빌이 레이 팔러에게
태클해 페널티킥을 내줬다. 맨유가 나락으로 떨어지기
직전, 베르캄프의 킥을 페테르 슈마이켈이 믿기 힘든
예측력으로 막아냈다.
아스널이 일방적 공세를 퍼붓던 연장 후반, '그 사건'이
일어났다. 파트리크 비에이라의 패스미스를 가로챈
라이언 긱스가 경기장 절반을 가로지르며 마주치는 모든
아스널 선수들을 뚫어 버린 뒤 왼발 강슛을 데이비드
시먼의 머리 위로 꽂아 넣었다. 일간지 가디언은 이
경기에 대한 기사에서 "잉글랜드 현대축구를 통틀어 가장

위대한 경기다. HBO에서 중계됐어야 하는 경기"라고
평가했다. 멋진 장면뿐 아니라 퇴장과 오심 논란까지
축구의 모든 게 들어있는 농축 도파민 덩어리였다.
맨유는 시즌 막판 아슬아슬한 선두 싸움을 벌이는
동시에 UEFA 챔피언스리그에서 인테르밀란,
유벤투스를 잡아내고 결승에 올랐다. 트레블 여부는
5월 16일부터 열흘간 열린 단 3경기에서 결정됐다.
먼저 프리미어리그 최종전을 토트넘 홋스퍼 상대로
치렀다. 무조건 이겨야 자력 우승이 가능한 상황.
트레블에 가려 아무도 기억 못하는 대회지만 시즌
초반에 리그컵에서 토트넘에 패배해 탈락한 바 있어
껄끄러운 경기였다. 그때 베컴은 할아버지의 팀인
토트넘을 만날 때마다 더욱 불타는 속성을 발휘했다.
토트넘의 레스 퍼디난드가 선제골을 넣은 뒤 맨유는
여러 번 득점 기회를 낭비했다. 그러다 긱스, 폴
스콜스를 거쳐 오른쪽의 베컴에게 공이 전달됐다.
오른발로 마무리하기 매우 어려운 상황이었음에도
불구하고 크로스가 아닌 과감한 슛을 택해 파포스트
구석에 정확히 박아 넣었다. 정교한 킥력으로 나온

동점골이었다. 그리고 게리 네빌의 패스를 앤디 콜이
로빙슛으로 마무리하며 승리를 거뒀다. 이로써 베컴은
할아버지를 위해 아스널의 우승을 저지하고, 아버지를
위해 맨유에 우승을 선사했다.

5월 22일 웸블리 스타디움에 '베컴, 코크니들의
왕(BECKS, KING OF ALL COCKNEYS)'이라는 깃발이
나부꼈다. 고향 런던으로 돌아온 베컴은 뉴캐슬
유나이티드를 상대로 FA컵 결승전을 치렀다. 당시
뉴캐슬은 뤼트 휠리트가 감독이었고 스트라이커 앨런
시어러, 미드필더 개리 스피드와 디트마어 하만이
버티는 단단한 팀이었다. 게다가 9분 만에 킨이
스피드에게 당한 태클로 통증을 호소하며 교체됐다.
이때 퍼거슨은 미드필더가 아니라 스트라이커 테디
셰링엄을 투입한다는 과감한 선택을 했다. 베컴을
중앙으로 이동시켜 킨의 대역을 맡기고 오른쪽
윙어로 솔샤르를 이동시키는 복잡한 변화였다.
베컴과 스콜스의 중원 조합으로는 뉴캐슬의 전투적인
미드필더들과 정면대결을 벌이기 힘들었다. 대신
맨유는 물러나 지키다가 효과적인 역습을 감행했고,

전반 11분 셰링엄이 스콜스의 스루 패스를 받아 선제골을
넣었다. 교체가 적중한 것이다. 후반 8분에는 셰링엄이
포스트 플레이로 내준 공을 스콜스가 왼발 강슛으로
마무리했다. 베컴의 중앙 기용을 테스트한 건 4일 뒤 열린
UEFA 챔피언스리그 결승전의 예행연습인 셈이었다.
스페인 바르셀로나의 캄노우에서 바이에른 뮌헨과
유럽 정상을 놓고 격돌하던 날, 맨유의 상태는 정상이
아니었다. 킨과 스콜스가 동시에 경고 누적으로 결장했다.
니키 버트와 베컴을 중앙에 세우고, 라이언 긱스를
오른쪽으로 옮기고, 왼쪽에 예스페르 블롬크비스트를
기용하는 어색한 조합이 꾸려졌다. 지금은 마스터셰프
스웨덴에서 우승할 정도로 실력 있는 요리사지만 당대
맨유의 요긴한 로테이션 멤버였던 블롬크비스트가
큰 경기에서 출장 기회를 잡았다. 상대팀 바이에른은
골문의 올리버 칸, 수비의 로타어 마테우스, 중원의
슈테판 에펜베르크 등 엄청나게 터프하면서도 기술까지
갖춘 팀이었다. 그리고 전반 6분 마리오 바슬러의
프리킥이 강하지도 않은데 맨유 수비벽 틈으로 허무하게
들어가면서 바이에른이 쉽게 리드를 잡았다.

맨유의 후반 승부수는 공격수를 욱여넣으며 베컴을 다시 측면으로 돌리는 것이었다. 추가시간, 베컴이 게리 네빌과 협공하며 코너킥을 얻어냈다. 그리고 베컴이 올린 코너킥은 헤딩을 따내려 올라온 골키퍼 슈마이켈을 지나 요크, 긱스를 거쳐 셰링엄의 마무리로 동점골이 됐다. 누구나 연장전을 준비할 법한 시간이지만 맨유는 멈추지 않았다. 솔샤르가 또 코너킥을 획득했다. 베컴의 정교한 킥이 이번에는 셰링엄의 머리로 향했고, 흐른 공에 솔샤르가 발을 대면서 승부는 끝났다. 트레블 달성이었다.

트레블을 달성한 구단은 전 세계에 22개, 유럽에는 8개가 있다. 21세기 들어 많이 흔해졌다. 그러나 20세기에는 극히 힘든 위업이었다. 1960년대 스코틀랜드의 셀틱, 1970년대 네덜란드의 아약스, 1980년대 네덜란드의 PSV에인트호번이 한 번씩 달성했을 뿐이었다. 그리고 맨유는 유럽 4대 빅리그 구단 중에서는 최초이자 1990년대 유일한 트레블을 달성했다. 그 임팩트는 요즘 사람들이 짐작하는 것 이상이었다. 역사적 위업의 아이콘은 분명 베컴이었다. 베컴은 직후 발롱도르 투표에서 히바우두에 이은 2위에 올라 공헌을 인정받았다.

맨체스터 시민들의 오랜 한이 풀렸다. 이 지역 출신인 영화감독 대니 보일은 어렸을 적 가족앨범의 가장 중요한 페이지에 가족사진이 아니라 1960년대 전설적인 맨유 멤버 '버스비의 아이들' 사진이 붙어 있었다고 회고한다. 맨체스터 시민들에게 축구는 절대적이었다. 그리고 팍팍한 삶으로 가득했던 1980년대를 견뎌낸 그들에게 '퍼기의 아이들'이 다시 한번 유럽 정상이라는 달콤한 꿈을 선사했다.

리버풀, 아스널, 맨체스터 시티 등 라이벌과의 경기에서
승리한 순간이야말로 최고의 선물이었어요.
승리를 해야 한다는 팀원들의 의지도 강했고,
많은 팬들의 함성 속에서 치열하게 싸웠기에 이길 수 있었습니다.
저는 이 순간을 영원히 기억하고 간직할 거예요.

_ 프리미어리그 명예의 전당 헌액 기념 인터뷰

04

작별인사 대신 남긴
프리킥

트레블을 달성한 뒤에도 맨체스터 유나이티드는 늘 강호였지만
유럽 정상과는 거리가 있었다. 1999-00시즌 프리미어리그와
더불어 유럽 챔피언과 남미 챔피언의 단판 승부였던
인터콘티넨털컵까지 우승, 비공식 세계 챔피언이 됐다. 다만
그해 국제축구연맹(FIFA)이 주최했던 클럽 월드 챔피언십이라는
대회에서는 조별리그 탈락에 그쳤다. 이 대회는 클럽 월드컵의
전신이다. 각 대륙에서 뽑힌 8팀이 브라질에 모여 벌이는 대회였다.
맨유는 이 대회 참가를 위해 FA컵에 아예 불참했다. 맨유뿐 아니라
레알 마드리드까지 결승 진출에 실패하며 유럽은 체면을 구겼다.
대외 일정은 너무 힘들었지만 대신 국내에서는 여전히 적수가
없었다. 리그에서 28승 7무 3패로 승점 91점을 따냈는데, 이는
38라운드 체제가 자리 잡은 뒤 현재까지 맨유가 올린 최고
승점이다. 데이비드 베컴은 리그 6골 15도움을 기록하며 뉴캐슬
유나이티드의 놀베르토 솔라노와 공동 득점왕이 됐다. 베컴이
올려주는 크로스를 주로 드와이트 요크가 넙죽넙죽 받아먹었다.
이어진 2000-01시즌에도 베컴은 또 도움왕이 됐다. 이번엔 9골
12도움으로 단독 도움왕이었다. 맨유는 또 우승했다.
2001년 여름, 알렉스 퍼거슨 감독은 잉글랜드 최강을 넘어 유럽
최강으로 가기 위해 슈퍼스타를 영입했다. 당시 잉글랜드 최고
금액 2,800만 파운드를 써서 후안 세바스티안 베론을 샀다.
공교롭게도 레알 마드리드가 루이스 피구에 이어 지네딘 지단까지
영입한 해와 같았다. 주로 한국에서만 쓰던 표현이긴 하지만 세계
4대 미드필더로 묶이던 선수들이 한 팀에 두 명씩 딱 모인 것이다.
이는 레알과 맨유가 유럽의 양대 산맥임을 보여주는 듯한 상징적인
영입이었다. 이론적으로는 베론의 깔아 차는 패스와 베컴의 띄워
차는 패스로 세계에서 가장 정교한 팀이 되었어야 했다. 그러나
베론은 맨유에서 고작 두 시즌 머물렀고, 명성에 비하면 경기력도
아쉬웠다. 2001-02시즌 맨유는 오히려 리그 3위로 추락했다.

감독이 팀 분위기를 매우 중요하게 여기기 때문에 맨유는 가족 같은 분위기에서 서로 가깝게 지낼 수 있었습니다.
저는 운이 좋게 퍼거슨 감독의 팀에 있으면서 치열하게 경쟁도 할 수 있었고요.
퍼거슨 감독은 위대한 감독이고, 항상 선수들에게 영감을 줍니다.
맨유는 퍼거슨 감독이 아니었다면 어느 것도 성취할 수 없었을 거예요.

팀의 결과는 아쉬웠지만 베컴은 리그 11골로 개인 최다골을 기록했는데, 그중에서도 시즌 초 블랙번로버스 상대로 넣은 특이한 프리킥을 따로 이야기할 만하다. 맨유가 파울을 얻은 곳은 골대와 멀었기 때문에 브래드 프리델 골키퍼가 앞으로 나와 있었다. 베컴이 골키퍼 위치를 파악하곤, 수비벽이 서기 전 빠르게 처리하는 킥을 택했다. 베컴이 툭 찍어 찬 공은 프리델의 머리 위로 살짝 넘어갔다. 이런 슛을 당한 골키퍼들이 흔히 그렇듯 프리델은 손을 허우적거리며 명장면의 감초 역할을 했다.

이쯤에서 이야기해야 하는 건 퍼거슨과 베컴의 갈등이다. 그 씨앗은 1997년 베컴이 빅토리아 애덤스를 만나면서 싹텄다. 빅토리아는 전 세계를 강타한 원조 걸그룹 스파이스 걸스 중에서도 가장 세련된 미모를 지녀 팀내 포지션 '포시(posh, 우아한 혹은 상류층의) 스파이스'를 맡고 있었다. 요즘 아이돌 용어로 바꾸면 확신의 센터상이었다. 세계에서 가장 잘생긴 축구선수와 최고 아이돌은 2년간 연애하다 1999년 결혼에 이르렀다. 퍼거슨은 처음부터 둘 사이를 탐탁잖아 했음에도 불구하고 한동안 가시적인 갈등 없이 넘겼다. 그러다 2001년 즈음부터 문제가 수면 위로 올라오기 시작했다. 한번은 베컴이 아들 브루클린이 아프다며 휴가를 내더니 런던 패션쇼 레드카펫에서 찍힌 사진으로 퍼거슨의 진노를 사기도 했다. 베컴 입장에서는 브루클린을 보러 간 건 진짜였고 짬을 냈을 뿐이라고 해명할 수 있었지만, 퍼거슨이 보기에는 순 거짓말쟁이의 행태였다. 퍼거슨이 가장 용납하지 못하는 부류는 단합을 깨는 개인주의자다. 아직 동료들이 그를 고까워한다는 소식은 들리지 않았음에도 불구하고 퍼거슨은 숙청의 때를 기다리고 있었다. 그러다 2002-03시즌이 되자 베컴의 출장 시간을 올레 군나르 솔샤르가 야금야금 가져가기에 이르렀다. 가장 극적인 장면은 2003년 2월부터 시작됐다. 어느 날

베컴의 눈썹에 꿰맨 자국과 반창고가 보였다. 재빨리 달려든 기자들의 취재 결과, 놀랍게도 아스널 상대로 패배하자 라커룸에서 화를 내던 퍼거슨이 근처에 보이는 축구화를 걷어찼는데 그게 베컴의 얼굴에 맞았다는 것이었다. 신발을 걷어차서 선수 얼굴을, 하필이면 가장 불화설이 심한 선수의 얼굴을 적중시킬 가능성이 얼마나 될까? 공식 입장이 나왔음에도 불구하고 일부러 때렸다는 식의 루머가 끊이지 않았다. 당시 맨유 선수들을 챙겨주던 말단 스태프들은 여전히 "조용히 넘어갈 수 있는 상처였는데 베컴이 기자들 보여주려고 큰 반창고를 붙였다"고 믿는다. 게다가 베컴은 전 세계의 이목이 집중된 4월 UEFA 챔피언스리그 8강 2차전에서 선발 라인업에 들지 못했다. 상대는 레알이었다. 퍼거슨은 강팀 상대로 자주 쓰던 4-5-1 대형을 들고 1차전을 치렀으나 1-3으로 대패했다. 그러자 2차전에서는 베컴을 빼고 공격형 미드필더 베론과 오른쪽 윙어 솔샤르를 활용, 세계적 추세인 4-2-3-1로 승부를 걸어보려 했다. 하지만 뤼트 판니스텔로이의 골과 상대 자책골에도 불구하고 레알의 호나우두가 전설적인 슛 3번 해트트릭을 달성했다. 후반 14분 점수는 2-3. 맨유 입장에서는 무려 4골을 넣어야 역전이 가능했다. 이미 끝난 승부였다.

아니, 끝난 듯 보였다. 그때 베컴이 베론과 교체돼 들어왔다. 그리고 베컴은 어설픈 정교함이 아니라 막대한 에너지로 밀어붙이는 잉글랜드 축구를 가르쳐주겠다는 듯 정열 넘치는 질주로 흐름을 바꿨다. 레알 문전에 공이 흐르자, 베컴이 몸을 아끼지 않고 내던져 마무리했다. 이어 후반 40분에는 프리킥까지 작렬시키며 역전했다. 2차전만 보면 4-3으로 이긴 경기였다. 비록 1차전 두 골 차 패배를 극복하진 못했지만 베컴이 '구설수가 아무리 심해도 난 맨유 선수로서 매 순간 자신을 불사르겠다'고 온몸으로 웅변하는 듯했다.

그 밖에도 베컴의 맨유 시절 막판을 아름답게 기억할 수 있는 몇몇 순간이 있었다.
프리미어리그 21라운드에서 버밍엄시티 상대로 넣은 골은 마침내 베론과 베컴의 특기가 완벽한
조화를 이뤘기에 두 배로 아름다웠다. 베론의 환상적인 스루 패스가 수비 다섯 명 사이를
관통해 노마크 상태의 베컴에게 향했다. 여기에 베컴다운 마무리를 더했다. 상대 골키퍼가 나와
있는 걸 보고 머리 위를 넘기는 로빙슛을 성공시킨 것이다. 베컴식 로빙슛은 이 기술의 달인
라울 곤살레스의 높은 궤적과 달리, 최소한의 높이까지만 올라가며 완만한 호를 그리는 게
특징이다. 최소한의 높이로 찍어 차기에는 거리가 애매했지만 베컴의 발끝 감각은 완벽했다.
시즌 마지막 경기에서 에버턴을 상대했다. 다들 결별을 예상하고 있던 날이다. 완벽한 베컴식
작별인사, 프리킥이 팬들에게 손을 흔들었다. 이 골도 범상치 않았다. 오른쪽으로 치우친
각도였기 때문에 슛은 어렵고 동료의 머리를 향해 올려주는 게 상식인 상황이었다. 그런데
베컴의 킥이 그대로 골망 안쪽을 철썩 때렸다. 흔히 말하는 '크로슛'은 운 좋아 들어간 경우가
많지만, 이 경우 베컴은 의도적으로 골문 구석을 노려 골을 터뜨렸다.
베컴은 마지막 시즌에 라이벌 아스널을 따돌리고 프리미어리그 우승을 쟁취했다. 맨유가 UEFA
챔피언스리그에서 고작 8강 진출에 그쳤음에도 불구하고, 베컴은 2003년 UEFA 베스트팀에
이름을 올렸다. 최후의 순간까지 간판스타였다.
퍼거슨이 선뜻 인력시장에 베컴을 내놓았다. 바르셀로나와 레알이 영입 경쟁을 벌였다. 베컴은
맨유에서 11시즌 동안 컵대회 포함 394경기 85골을 기록했다. 이후 선수로서 돌아오는 일은
없었다. 이 시기의 공헌만으로도 프리미어리그 명예의 전당이 2021년 출범하자마자 초대
멤버로 헌액되기에는 충분했다. 첫해 최종후보 23명 중에서 6명이 선정됐는데 그중 맨유
출신은 에릭 칸토나, 로이 킨, 그리고 베컴까지 세 명이었다.

54

라이벌이 아니었던 시대

맨시티의 열두 감독과 대적한 단 한 명의 감독 : 알렉스 퍼거슨

VS MANCHESTER CITY

1986/87	**2** WIN	지미 프리젤 감독
1987~89	맨시티 강등 시즌	멜 마친 감독
1989/90	**1** WIN **1** DRAW	
1990/91	**1** WIN **1** DRAW	피터 리드 감독
1991/92	**2** DRAW	
1992/93	**1** WIN **1** DRAW	프리미어리그 출범
1993/94	**2** WIN	브라이너 호튼 감독
1994/95	**2** WIN	
1995/96	**3** WIN	베컴 첫 더비 / 앨런 볼 감독
1996~2000	맨시티 강등 시즌	프랭크 클락 감독 등
2000/01	**1** WIN **1** DRAW	베컴 선제결승골 / 킨 '아빠' 홀란에게 보복성 태클 / 조 로일 감독
2001/02	맨시티 강등 시즌	케빈 키건 감독
2002/03	**1** WIN **1** DRAW	슈마이켈 맨시티로 이적 후 첫 경기 / 베컴 마지막 더비
2003/04	**2** WIN **1** LOSE	
2004/05	**1** WIN **1** DRAW	
2005/06	**1** DRAW **1** LOSE	스튜어트 피어스 감독
2006/07	**2** WIN	
2007/08	**2** LOSE	태국 자본 맨시티 인수 / 맨시티의 시즌 더비 전승은 35년만 / 스벤예란 에릭손 감독
2008/09	**2** WIN	UAE 자본 맨시티 인수 / 마크 휴즈 감독
2009/10	**3** WIN **1** LOSE	로베르토 만치니 감독
2010/11	**1** WIN **1** DRAW **1** LOSE	맨시티 FA컵 우승 / 35년 무관 끝
2011/12	**2** WIN **2** LOSE	맨시티의 6-1 대승!
2012/13	**1** WIN **1** LOSE	퍼거슨 은퇴

	7 Eric CANTONA 캉토나	9 Andy COLE 콜	
11 Ryan GIGGS 긱스	16 Roy KEANE 킨	18 Paul SCHOLES 스콜스	10 David BECKHAM 베컴
3 Denis IRWIN 어윈	6 Jaap STAM 스탐	19 Ronny JOHNSEN 욘센	2 Gary NEVILLE 네빌

1 Peter SCHMEICHEL 슈마이켈

베컴 시기 맨유

우리는 맨체스터 시티가 맨체스터 유나이티드를 압도하는 세상에서 벌써 10여 년을 살았다. 그래서 맨시티는 세계에서 가장 돈 많고 강력한 팀으로 인식하고, 맨유는 명성에 비해 실력이 아쉬운 팀의 대표 격으로 인식된다. 하지만 이런 구도는 최근에 형성된 것이다. 맨시티는 1968년 깜짝 1부 리그(현 프리미어리그) 우승을 차지한 뒤 강등과 승격을 반복하는 하위권 팀 신세였다. 반면 맨유는 알렉스 퍼거슨 감독이 부임해 팀을 일으킨 뒤 1990년대와 2000년대 잉글랜드를 지배했다. 이런 구도는 맨시티의 아랍에미리트(UAE) 자본 유입과 맨유의 퍼거슨 감독 은퇴가 비슷한 시기 일어나면서 완전히 뒤바뀐다. 특히 베컴이 소속돼 있던 시기에는 맨시티가 하부리그로 강등된 기간이 길었기 때문에 애초에 만남이 성사되지 않을 정도로 전력 차가 컸다. 맨시티는 도무지 끊을 수 없을 것 같던 맨유전 16경기 무승을 13년 만에 끊었는데, 이는 맨유 경력을 마친 페테르 슈마이켈을 영입했기 때문에 가능했다. 공격수 숀 고터는 맨유에서 출장 기회를 잡지 못했지만, 맨시티에서는 주전급으로 잘 활약한 경우다.

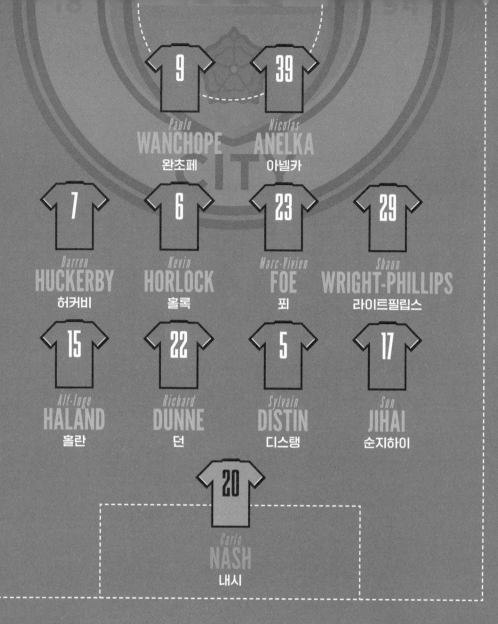

9 Paulo WANCHOPE 완초페

39 Nicolas ANELKA 아넬카

7 Darren HUCKERBY 허커비

6 Kevin HORLOCK 홀록

23 Marc-Vivien FOE 푀

29 Shaun WRIGHT-PHILLIPS 라이트필립스

15 Alf-Inge HALAND 홀란

22 Richard DUNNE 던

5 Sylvain DISTIN 디스탱

17 Sun JIHAI 순지하이

20 Carlo NASH 내시

맨시티 올스타 1995~2003

더비 경기가 거칠기 짝이 없던 시절이다. 당시 맨유와 맨시티의 경기는 실력보다 기싸움에 가까운 양상으로 전개되는 경우가 꽤 잦았다. 그래서 맞대결의 중심에는 공격적인 선수가 아니라 싸움꾼이 있었다. 맨유의 로이 킨은 리즈유나이티드 소속이었던 미드필더 알프잉에 홀란에게 거친 반칙을 당한 뒤 복수의 기회를 노리고 있었는데, 마침 라이벌 맨시티로 그가 이적해 오자 맞대결에서 더 거친 반칙으로 '담가' 버렸다. 그리고 알프잉에의 아들인 엘링 홀란이 20여 년 뒤 맨시티로 이적하면서 아버지의 유지를 잇게 된다. 베컴은 맨시티 상대로 딱 한 골을 넣었는데, 그 과정과 결과 모두 참으로 더비다웠다. 폴 스콜스가 드리블하다가 홀란에게 거친 백태클을 당해 쓰러졌다. 골대와 약간 먼 위치였지만, 베컴은 집중력을 발휘해 킥을 골문 구석에 꽂아버렸다. 베컴은 유니폼 위 엠블럼을 움켜쥐고 어느 때보다 흥분한 표정으로 흔들며 맨유 팬들 앞으로 달려갔다. 포효하는 베컴에게 가장 먼저 합류한 선수가 킨이었다. 이들이 서포터들의 광란을 부추기자, 바로 옆 스탠드의 맨시티 팬들은 손가락 욕설로 화답했다.

GALACTIC
SUPERSTAR

맨체스터를 떠난 뒤, 베컴은 축구선수로서 최선의 선택을 한 적이 없었다.
그에게 가장 어울리는 팀에서 뛰고 싶다는 일차적인 이유뿐 아니라 가족, 은퇴 후 경력,
국가대표 복귀 등 여러 복잡한 상황을 고려하여 결정을 내렸다. 그래서인지
스페인, 미국, 이탈리아를 거쳐 프랑스에서 마무리되는 베컴의
커리어 후반기는 팬들에게 자주 회자되지 못한다.
하지만 사람들이 잊고 있던 그 과정을 찬찬히 돌아보면
그의 미덕을 다시 확인할 수 있다. 스페인에서 보여준 승부 근성,
미국에서 진일보한 팝스타적 영향력, 그리고 이탈리아에서
깨달은 전술적 가능성이 그것이다.

> "
> 베컴을 레알 마드리드에서 떠나보내고
> 나서야 얼마나 큰 실수인지 모두 깨달았다.
> 베컴은 원래 실력을 완전히 되찾았다.
> 위대한 선수일 뿐 아니라 맨체스터 유나이티드에서
> 했던 것과 똑같은 과업을 수행해 준다.
> 구단의 영입과 방출에는 나도 관여하지만,
> 솔직히 말하자면 잘못된 결정이었다.
> "

__ **파비오 카펠로** 레알 마드리드 감독

01　지단, 피구에 더한 베컴의 삼체문제

세계에서 가장 유명한 선수가 팀을 옮긴다는 소식을 듣고 먼저 접근한 팀은 바르셀로나였다. 스페인 명문 구단들은 투표를 통해 회장을 선출하는데, 특히 바르셀로나는 지역사회와 결부된 선거운동이 활발하다. 주안 라포르타 후보의 공약이 데이비드 베컴의 영입이었다. 하지만 차기 회장이 정해지지 않으면 영입이 지지부진해지기 마련인지라 바르셀로나의 시도는 결국 무산됐다.

대신 베컴은 레알 마드리드로 향했다. 세계적인 스타를 영입한 레알의 의도는 분명했다. 이미 세계 최고 이적료를 2년 연속 경신하며 루이스 피구와 지네딘 지단을 영입했고 원래 있던 스타 라울 곤살레스, 이케르 카시야스, 호베르투 카를로스에 추가로 데려온 호나우두까지 유명한 선수가 바글거리는 팀이었다. 간판스타 한두 명이 아니라 아예 스타로 가득 찬 은하계를 만들겠다는 갈락티코스(Galacticos) 정책의 완성이 베컴이었다. 구단 역사상 최고 선수 알프레도 디스테파노가 직접 베컴을 환영했다. 이미 7번은 라울이 쓰고 있었기 때문에 베컴은 마이클 조던을 연상시키는 23번을 택했다.

바로 아시아 투어를 떠난 레알은 엄청난 인파를 불러 모으는 베컴의 힘을 보면서 마케팅 성공을 자신했다. 중국의 쿤밍
공항에 베컴이 내렸을 때 무수한 중국인 팬이 몰리는 걸 본 스페인 일간지 마르카는 '베컴마니아' 현상이라고 표현했다.
비틀즈의 전설적인 팬덤 비트마니아에 빗댄 표현이다. 성적은 어찌 됐든 상업적 측면에서 베컴 영입은 갈락티코를 완성한 게
맞았다. 베컴이 4년간의 레알 생활을 끝냈을 때 경제지 포브스가 계산한 바로는 베컴의 경제적 효과가 6억 달러에 달했다.
노동자성을 강조했던 알렉스 퍼거슨의 품에서 벗어난 베컴은 한층 적극적인 상업 활동을 시작했다. 아내의 에이전트 사이먼
풀러의 회사에 합류하며 연예기획사의 관리를 받았다. 영국의 '팝 아이돌'과 미국의 '아메리칸 아이돌' 등 원조 오디션
프로그램의 심사위원으로 유명한 그 사람 맞다. 베컴은 2019년 본격적인 사업가로서 독립하기 전까지 풀러와 동업했다.
베컴은 레알 첫 공개훈련에서 당한 창피를 기억하고 있다. 미니게임에서 호나우두가 슛을 하려는 순간, 의욕 넘치는 신입생
베컴이 슬라이딩 태클로 가로막으려 했다.

그러나 호나우두의 동작은 속임수였다. 슛을 하는 척하다가 공에 발을 올려놓은 호나우두는 자빠진 베컴을 내려다보며 빈 골대에 유유히 공을 밀어 넣었고, 관중들의 환호성과 탄성이 터져 나왔다. 베컴은 그때 "좋아, 이 정도 수준에 적응해야 한다 이거지?"라고 느꼈다 한다. 그러나 문제는 본인의 적응이 아니라 팀에 있었다. 레알은 그동안 제멋대로 스타를 영입해도 뒤에서 다 조립해 주는 역할을 하던 수비형 미드필더 클로드 마켈렐레를 첼시로 보내버렸다. 스타의 기량을 살리는데 일가견이 있던 비센테 델보스케 감독과도 결별하고, 맨유 코치 경력이 있는 카를로스 케이로스 감독을 선임했다. 그러나 케이로스는 이후 이란 대표팀에서 보여줬듯이 전술가로서 끈끈한 팀은 만들지만 공격성 강한 팀을 아름답게 조합할 만한 리더십과 뚝심은 없었다. 그의 선수 조합은 시즌 내내 오락가락했다. 스타들을 뒷받침해 줄 여러 장치가 붕괴되자, 피구와 지단에 베컴까지 더한 중원 조합은 잘 작동하지 못했다. 공격과 수비에도 슈퍼스타들이 있었지만 결국 세 미드필더를 중심으로 팀을 짜야 했는데 이에 실패하면서 라리가 4위까지 떨어지고 만다. 당시 레알이 겪은 건 일종의 삼체문제였다. 삼체문제를 소재로 한 유명 소설 '삼체'에서 제시된 가장 큰 숙제는, 행성 하나에 영향을 미치는 별이 두 개일 때까지는 상호작용을 예측할 수 있지만 세 개로 늘어나면 궤도를 예측할 수가 없어 결국 행성의 문명은 발전하기 힘들다는 것이다. 이미 지단과 피구라는 두 개의 빛나는 별을 공존시킨 것만으로도 레알은 위태로웠는데, 여기 베컴이 합류하자 세 개의 별을 공존시키는 건 불가능에 가까워졌다고 볼 수 있다.

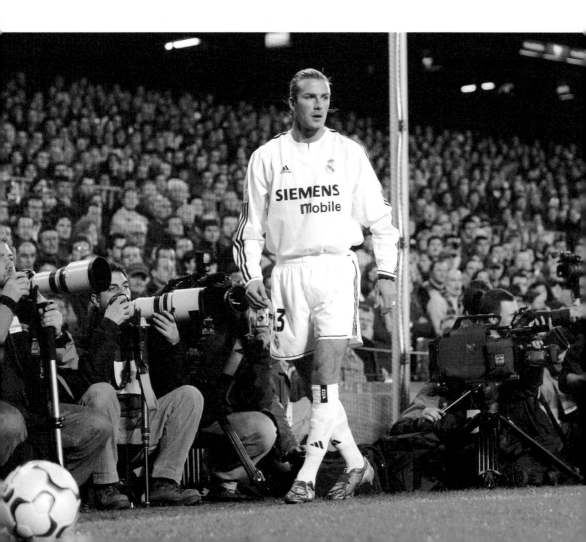

다만 세 스타가 제 기량을 발휘하지 못했다고 보는 건 훗날 덧씌워진 이미지로 인한 오해에 가깝다. 비록 삐걱거릴 때도 있고 시너지 효과를 내진 못했지만, 각 스타가 돌아가면서 활약하는 것만으로도 리그 우승을 노릴 자격은 충분했다. 그리고 베컴도 레알 이적 직후에는 화려한 모습을 잃지 않았다. 베컴은 라리가 데뷔전에서 상대 문전으로 침투하며 호나우두의 짧은 크로스를 받아 데뷔골을 넣었다. 이를 비롯해 베컴은 초반 4경기 동안 매 경기 공격 포인트를 올리며 2골 3도움을 기록했고, 레알은 13득점을 하며 3승 1무를 달렸다. 그중에서도 베컴의 레알 첫 프리킥은 화면에 잡히는 선수들의 명성만으로도 탄성을 자아내는 장면이다. 말라가를 상대한 4라운드에서 파울을 얻었는데, 골대와 약간 멀고 오른발로 슛을 하기에 나쁜 각도였다. 키커로 베컴, 기존 오른발 전담 키커였던 피구, 왼발 강슛의 달인 카를로스가 동시에 섰다. 베컴이 프리킥을 짧은 패스로 내주자, 피구가 발바닥으로 공을 멈춰놓고, 카를로스가 특유의 강슛을 날릴 것처럼 도움닫기를 하며 무려 3중 속임수를 썼다. 그리고 피구가 멈춰 준 공을 베컴이 골문 구석에 정확히 꽂아 넣으며 골키퍼를 속였다. 진정한 문제는 삼체를 구성하는 데만 신경 쓰다가 선수층이 심각하게 얇아져 버린 점이었다. 2003년 여름 영입된 선수는 베컴 하나인데 떠난 선수는 수비형 미드필더 마켈렐레와 플라비우 콘세이상, 수비수 페르난도 이에로, 잉글랜드 대표 출신 윙어 스티브 맥마나만 등 여럿이었다. 결국 시즌 막판에 충격적인 5연패를 당하며 우승 가능 승점에서 4위까지 순식간에 밀려났다. 시즌 막판 수비진을 보면 레알 선수가 맞나 싶을 정도다. 수비수 라울 브라보와 프란시스코 파본은 그나마 유망주 정책의 상징으로 자주 거론되며 역사에 남았다. 반면 막판 수비형 미드필더로 뛴 선수 보르하 페르난데스는 지금에 와서 아예 아무도 기억하지 못하는 선수가 됐다. 그런 멤버로는 전방의 공격적인 선수들을 뒷받침할 수 없었다.

베컴은 첫 시즌 라리가 3골 12도움, 컵대회 포함 7골 17도움으로 공격포인트만 보면 맹활약했다. 이어진 2004-05시즌 긴 머리를 싹 밀어버린 베컴은 라리가 4골 8도움, 컵대회 포함 4골 11도움을 기록했다. 레알은 리그 2위로 올라갔지만 이때부터 바르셀로나가 베컴을 놓치고 대신 영입했던 호나우지뉴 중심으로 전성기를 맞았기 때문에 우승까지는 역부족이었다. 피구가 떠나고 맞은 2005-06시즌, 레알은 다시 2위에 그친다. 베컴은 리그 3골 11도움, 컵대회 포함 5골 17도움으로 다시 한번 공격력 면에서는 손색없는 시즌을 보냈으나 팀을 구할 정도의 영향력은 아니었다.

실속 없는 세월 가운데서도 반짝이는 순간들은 있었다. 2003-04시즌 베컴의 롱 패스를 지단과 피구가 각각 한 번씩 문전

침투로 마무리했는데 특히 지단의 왼발 발리슛 마무리는 그의 베스트골 중 하나로 꼽히는 명장면이다. 2004-05시즌 레반테를 상대한 경기에서 오랜만에 베컴의 드리블 돌파 후 레일건 같은 중거리슛이 작렬하기도 했다. 그 시즌 전반기 엘클라시코는 호나우지뉴 쇼에 휘말려 0-3으로 대패했지만, 이미 리그 우승이 멀어진 뒤 치른 후반기 엘클라시코는 4-2로 승리했다. 이날 베컴은 프리킥을 호나우두의 머리로 배달했고, 경기 막판 마이클 오언에게 장거리 스루 패스를 내주며 2개의 도움을 올려 챔피언 바르셀로나를 직접 꺾고 자존심을 챙겼다.

02

스타가 아닌 악바리로서 따낸 트로피

레알 마드리드에서 데이비드 베컴의 첫해 감독은 카를로스 케이로스였다. 두 번째 시즌은 호세 안토니오 카마초, 마리아노 가르시아 레몬, 반덜레이 룩셈부르구로 세 번이나 바뀌었다. 세 번째 시즌은 룩셈부르구가 도중 경질되며 후안 라몬 로페스 카로로 바뀌었다. 카로도 시즌 종료와 더불어 잘렸다. 극심한 혼란은 선수단에서도 마찬가지였다. 루이수 피구는 베컴과 두 시즌 호흡을 맞춘 후 떠났고, 지단은 세 시즌을 함께한 뒤 2006년 여름 아예 은퇴했다. 무엇보다 은하계의 창조주였던 플로렌티노 페레스 회장이 물러나고 라몬 칼데론 회장이 부임했다. 2006–07시즌은 레알의 갈락티코스가 완전히 해체된 첫 시즌이자 과도기였다.

새 감독 파비오 카펠로는 아무리 공격적인 팀이라도 부임 즉시 수비적으로 바꿔놓고, 그 지독한 승부근성을 통해 많은 승리를 쟁취해 온 냉정한 승부사였다. 그는 레알이 갈락티코스로 남아있는 한 상대팀에 동기부여가 될 뿐이라고 생각했다. 그래서 기량이 떨어지기 시작한 호나우두, 상징적인 슈퍼스타 베컴을 팀에서 배제하기 시작했다. 호나우두는 시즌 도중 이탈리아의 AC 밀란으로 떠나버렸다. 베컴도 마지막 시즌을 보내고 있었기 때문에 미래를 고민해야 하는 시점이었다.

그때 32세 스타 선수의 행선지로는 상상할 수 없었던 미국이 등장했다.
미국 로스앤젤레스의 LA 갤럭시가 베컴 영입을 추진했다. 맨체스터
시절보다 훨씬 심한 파파라치가 마드리드 생활 내내 베컴을 따라다녔기
때문에 갤럭시 측과 만나는 식사 자리를 비밀로 하는 건 불가능했다.
협상 사실이 알려지자 카펠로는 베컴을 불러 다시는 경기에 투입하지
않겠다고 으름장을 놓았고, 베컴은 남은 반년에 대한 희망을 버린 채 시즌
종료 후 LA로 간다고 일찌감치 발표해 버렸다. 즉시 베컴은 전력에서
제외됐다. 부상도 징계도 아닌데 관중석에 앉는 경기가 3회 연속으로
이어졌다. 칼데론 회장은 "베컴이 할리우드로 가는 건 반쯤 연예인이 되기
위해서다. 세계 어느 팀에서도 베컴을 원하지 않는다. 그를 원하는 팀은
로스앤젤레스뿐"이라고 폭언을 퍼부었다. 지금보다 더욱 낮았던 당시 미국
축구의 위상 때문에 많은 대중이 칼데론의 실망에 공감한 것도 사실이었다.
마지막 시즌이 파국으로 치달으려 할 때, 베컴과 카펠로는 가장
스포츠맨다운 선택을 했다. 베컴은 축출된 슈퍼스타임에도 불구하고
자존심을 버리고 늘 제때 훈련장에 나타나 수많은 카메라 앞에서
개인훈련을 했다. 또한 카펠로는 소신이나 고집 따위보다 무조건 승리가
중요한 인물이었다. 베컴 없이 비야레알과 헤타페에 2연패를 당하자,
카펠로는 승리를 위한 최선의 전력은 베컴을 복귀시키는 거라고 진단했다.
베컴은 2월 초 레알 소시에다드를 상대로 선발 복귀전을 치렀고, 왜 자신이
스타인지 확실히 증명해 냈다. 선제 실점을 내주고 끌려가고 있던 시점,
베컴의 프리킥이 동료들을 모두 스쳐 가며 골문 구석에 쏙 들어간 것이다.
가장 필요할 때 유독 킥력이 빛나는 베컴의 특징이 잘 발휘된 날이었다.
레알은 이날 역전승을 시작으로 무패 행진에 들어갔다. 이후 베컴이 퇴장에
따른 징계와 부상으로 결장하며 더 치고 나가진 못했지만, 당시 흔들리던
바르셀로나와 격차는 줄어들고 있었다. 그리고 4월 말 돌아온 베컴은
레알이 막판 8경기에서 7승 1무를 따내는 데 주축 역할을 했다.
베컴은 부상에서 돌아온 발렌시아전에 교체 투입됐다. 그때까지 1-1
상태였던 경기는 베컴의 킥을 세르히오 라모스가 머리로 받아 넣으며
레알의 승리로 끝났다. 이어진 아틀레틱 빌바오 원정 경기에서 또
라모스에게 어시스트를 제공해 대승을 이끌었다.
5월이 되어서야 레알은 선두로 올라섰다. 그리고 1위를 지킨 채 시즌을
마치는 과정에서도 베컴의 비중은 막대했다. 선두에서 치른 첫 경기,
레크레아티보 우엘바와 혈전 끝에 3-2 신승을 거뒀다. 경기 초반
크로스로 호비뉴의 헤딩골을 만든 선수가 베컴이었다. 바로 다음 경기에서
데포르티보를 3-1로 잡았을 때도 베컴이 맹활약했다. 베컴이 올린
코너킥이 경합 후 흘러나오자, 다시 스루 패스를 받은 베컴이 왼쪽 측면을
타고 질주하다 왼발 크로스를 올렸다. 그의 진귀한 왼발 킥 어시스트
장면 중 하나로, 얼마나 절실했는지 알 수 있다. 혼전 상황에서 라모스가
마무리했다. 상대 동점골로 분위기가 식으려 할 때는 정확한 크로스를 라울
곤살레스의 머리로 배달했다.

바르셀로나와 승점은 76점으로 같지만 상대 전적에서 1승 1무로 우세해 간신히 우승을 차지했다. 바르셀로나가 시즌 통틀어 레알보다 12골을 더 넣었고 7골을 덜 실점하면서 최다 득점, 최소 실점을 모두 기록했지만, 레알은 비록 한 골 차 승리일지언정 바르셀로나보다 더 많은 승리를 따냈다.

카펠로의 팀답게 효율적인 축구였다. 한때 퍼거슨이 맨체스터 유나이티드에서 만들고 싶었던 투톱 조합, 뤼트 판니스텔로이와 라울이 전방에 있었다. 그래서 그 둘에게 심하게 의존하는 축구를 했다. 화려하지 못한 대신 끈적한 축구 스타일의 중심에는 킥 한방으로 승부를 흔들 수 있는 효율왕 베컴이 있었다. 베컴은 리그 3골 6도움, 컵대회 포함 4골 8도움을 기록했다. 특이한 건 리그에서만 경고 14장을 받았고 퇴장도 한 번 당했다는 것이다. 징계로 4경기나 결장했다. 체계가 무너진 팀에서 베컴이 좌충우돌하며 어떻게든 버텨내려 노력한 흔적이다.

레알이 이듬해에도 라리가 정상에 오르면서 2연패를 달성했기 때문에 베컴의 유무는 그리 중요하지 않았다는 시각도 있다. 하지만 이는 사실이 아니다. 2007-08시즌은 당대 최강팀 바르셀로나가 펩 과르디올라 감독 부임 직전 슬럼프에

빠져 승점 67점에 그쳤기 때문에 레알이 쉽게 우승할 수 있었다. 이와 달리 2006–07시즌의 바르셀로나는 흔들릴 기미가 보일 뿐 아직 무너지지는 않은 상태였다. 호나우지뉴가 개인 최다인 시즌 21골을 넣었고 신성 리오넬 메시가 14골, 시즌 도중 부상으로 이탈했음에도 불구하고 사무엘 에토가 11골을 넣었다. 반면 레알은 득점왕 판니스텔로이가 25골을 몰아쳤지만 그 외에는 10골 이상 넣은 선수가 없는 팀이었다.

애초에 아름다운 축구를 할 수가 없었던 시즌이었다. 카펠로는 우승하고도 레알답지 않은 축구라며 두 번째 임기를 조기 종료했다. 하지만 베컴의 마지막 시즌에 처절하게 트로피를 따냈다는 점에서, 우여곡절 끝에 결국 좋은 인연으로 남았다.

베컴은 레알 선수로서 뛴 최후의 경기에서 후반전 발목 부상으로 교체됐을 정도로 시즌 내내 악재와 싸워야 했다.

베컴의 시즌 마무리에 대해 영국 가디언지는 "이번에는 영웅이 되지 못했다. 하지만 승리자로서 떠난다"라고 요약했다. 악바리의 모습으로 레알 경력을 마친 베컴의 총 트로피는 첫해 우승한 단판 대회 수페르코파 데에스파냐, 그리고 마지막 라리가까지 모두 2개였다.

미국 프로축구를
일으키면서도

유럽을
곁눈질하다

데이비드 베컴의 마지막 레알 마드리드 경기를 지켜보던 빅토리아의 옆에는 톰 크루즈와 케이티 홈즈 부부가 있었다. 한 달도 지나지 않아 베컴은 미국 메이저리그 사커(MLS) 구단 LA 갤럭시의 팬 수천 명이 모인 가운데 입단식을 가졌다. 미국 다른 도시도 아닌 로스앤젤레스로 이사하면서 베컴은 본격적인 셀레브리티가 됐다. 그를 환영하는 파티에 톰 크루즈 부부, 윌 스미스 부부 등 배우들이 모여든 것은 물론이고 스티비 원더가 노래를 부르기까지 했다.

연봉 650만 달러는 베컴 효과로 갤럭시가 벌어들인 관중 수입 증대와 스폰서 수입에 비하면
푼돈이었다. 이를 기꺼이 지급하기 위해 규정도 바꿨다. 미국 스포츠답게 MLS에는 샐러리캡이
존재하는데, 각 팀의 일부 지정선수에게 연봉제한을 편차 적용하는 규정이 생겼다. 일명 베컴룰로
불리는 이 규정은 훗날 한국 대표선수 황인범을 밴쿠버가 영입할 때도 적용됐다. 그리고 16년 뒤
베컴의 팀에 합류한 리오넬 메시가 그랬던 것처럼 당시 베컴에게도 연봉 이상의 우대조건이 덕지덕지
붙었다. 그중에는 은퇴 후 MLS 프랜차이즈를 인수할 수 있는 권리까지 있었다. 베컴의 혜안으로 마련해
둔 이 조항 덕분에 그는 11년 뒤 수월하게 구단주로 변신한다.

그런데 베컴은 미국 생활을 시작한 뒤에도 자꾸 두고 온 인생에 미련을 품었다. MLS 초반에는 큰
활약이 없었다. 첫 시즌을 부상으로 제대로 소화하지 못했고, 이듬해인 2008년에는 꾸준히 뛰며
리그 5골 8도움을 기록했지만 팀 성적을 드라마틱하게 끌어올린 건 아니었다. 그런데 2009년 1월
이탈리아의 AC 밀란에 합류한다는 소식을 전해왔다. 당시 잉글랜드 대표팀 감독은 베컴과 구면인
파비오 카펠로였는데, 대표팀에서 활약하려면 미국 경력으로는 부족하다고 이야기했던 것이다. 처음에
베컴은 MLS 겨울 휴식기에만 잠깐 아르바이트를 하고 오겠다는 식이었지만 임대 기간에도 협상을
벌이더니 그의 뜻대로 기간을 5월까지 늘리는 데 성공했다. 그나마 2009 MLS 플레이오프가 열리기
전에는 돌아와 8강부터 결승까지 다 뛰며 제일 중요한 시기는 소화했지만, 결국 플레이오프 무득점에
그쳤고 파이널에서 레알 솔트레이크시티에 패배하는 걸 막지 못했다.

베컴의 첫 밀란 시절은 카를로 안첼로티 감독이 그를 어떻게 활용하는지 볼 수
있었기에 흥미로웠다. 안첼로티는 선수의 장단점을 잘 조합하는 면에서 축구
역사상 최고로 꼽히는 감독이다. 그리고 베컴이 이탈리아 세리에A에서 뛰기에 가장
알맞은 포지션은 전형적인 측면도, 전형적인 중앙도 아닌 그 사이 어딘가라는 걸
간파했다. 이탈리아식 표현 메찰라(mezzala)로 잘 알려진 역할이다. 베컴은 4-3-
2-1 포메이션에서 중앙 미드필더처럼 뛰며 플레이메이커 안드레아 피를로를
보좌하다가, 필요할 경우 측면으로 빠져 폭을 넓히고 크로스를 올려줬다. 전술 수행
능력이 훌륭했다. 더 어린 나이부터 이런 역할을 맡았으면 좋았겠다는 아쉬움이
들 정도였다. 밀란에서 20경기 2골 6도움을 기록했다. 반면 2009년 갤럭시에서는
플레이오프 포함 고작 15경기 2골 2도움에 그쳤다.

베컴의 유럽행은 반복됐다. MLS 2009시즌을 마치자마자 또 밀라노로 날아갔다.
레오나르두 감독으로 바뀐 밀란에서도 베컴의 경쟁력은 나쁘지 않았다. 앞선
시즌과 달리 좀 더 측면 자원에 가깝게 뛰며 맨체스터 유나이티드 시절의 향수를
불러일으켰다. UEFA 챔피언스리그 16강에서 맨유를 만나면서, 거의 7년 만에 올드
트래퍼드에 상대팀으로서 나타나기도 했다. 팬들이 맨유의 전신 뉴턴히스의 상징인
황금색과 녹색 줄무늬 머플러를 던져주자 목에 두르며 환대에 답했다.

하지만 많은 나이에 지나치게 힘든 일정을 소화하던 탓이었는지, 이번 이탈리아
생활은 오래가지 못했다. 단 13경기를 소화한 뒤 3월에 아킬레스건 부상을 당했다.
9월에야 선수로서 복귀 가능한 부상이었기 때문에 2010 남아공 월드컵 참가는
무산됐다. 유럽에서 여전히 통한다는 걸 증명하기 위해 2년째 휴가를 반납하고

2009 [AC MILAN LOGO] 0503

AC MILAN VS CATANIA

Clarence
SEEDORF
세이도르프

Filipo
INZAGHI
인차기

KAKA
카카

Massimo
AMBROSINI
암브로시니

Andrea
PIRLO
피를로

David
BECKHAM
베컴

Marek
JANKULOVSKI
얀쿨로프스키

Giuseppe
FAVALLI
파발리

Paolo
MALDINI
말디니

Gianluca
ZAMBROTTA
잠브로타

DIDA
지다

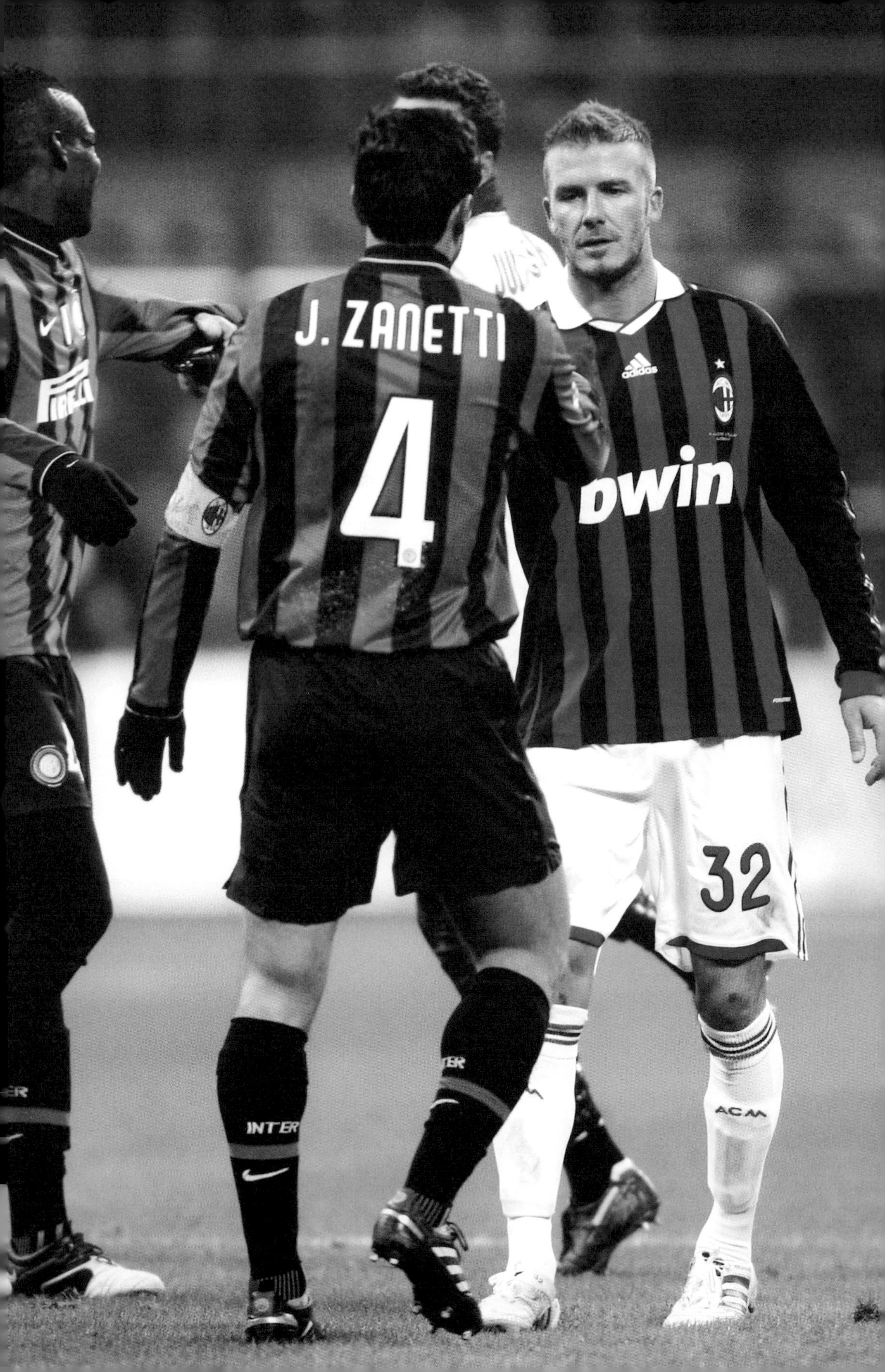

J. ZANETTI
4
PIRELLI
adidas
bwin
32
INTER
ACM

2010 0124

1899

AC MILAN VS INTER MILAN

80

RONALDINHO
호나우지뉴

Marco
22

BORRIELLO
보리엘로

David
32

BECKHAM
베컴

Gennaro
8

GATTUSO
가투소

Andrea
21

PIRLO
피를로

Massimo
23

AMBROSINI
암브로시니

Luca
77

ANTONINI
안토니니

Giuseppe
19

FAVALLI
파발리

Thiago
33

SILVA
시우바

Ignazio
20

ABATE
아바테

1

DIDA
지다

과로를 자처했는데 그 목표를 놓쳐버렸다.

베컴의 유럽행은 이듬해인 2011년 초에도 또 거론됐다. 당시
베컴을 원한 건 토트넘 홋스퍼의 해리 래드냅 감독이었다. 유소년
시절 친정팀이자 할아버지의 팀이 러브콜을 보내자 베컴은 한때
마음이 동했다. 그러나 갤럭시 경영진과 다니엘 레비 토트넘 회장은
협력관계였고, 베컴을 빼앗아 가는 일은 벌어지지 않았다.

유럽 생활에 대한 집착을 내려놓은 베컴이 MLS에 집중하기 시작하자
그 효과는 확실했다. 베컴은 2011년 MLS 정규시즌에서 2골 13도움을
몰아쳤다. 더 중요한 건 플레이오프였다. 갤럭시는 2009년부터
이미 서부컨퍼런스 정규시즌은 3회 연속 우승을 차지했지만
플레이오프에 약한 팀이었다. 베컴은 플레이오프 8강 1, 2차전에서
뉴욕 레드불스를 상대로 갤럭시의 모든 골을 어시스트해 2전 전승을
이끌었다. 특히 2차전 역전골은 한때 팀에 집중하지 않는다며 베컴과
반목했던 갤럭시의 레전드 랜던 도노번에게 전달해 더 뜻깊었다.
레드불스도 미국으로 온 티에리 앙리를 보유한 팀이었지만 맞대결
승자는 베컴이었다. 이어진 4강에서 베컴은 1도움을 기록하며
솔트레이크를 3-1로 꺾는 데 앞장섰다. 그리고 대망의 결승전에서
휴스턴다이나모를 1-0으로 잡아낼 때 베컴의 헤딩 패스, 로비 킨의
연계 플레이, 도노번의 마무리로 마침내 MLS를 정복했다.

이어진 2012시즌 갤럭시는 서부컨퍼런스 4위로 순위가 하락했다. 그러나 정규시즌 7골 6도움을 터뜨린 베컴은 플레이오프에서 공격 포인트보다 팀플레이를 통해 팀에 기여했고, 다시 만난 휴스턴을 3-1로 꺾고 리핏(2회 연속 우승)의 주역이 됐다. 계약 만료를 앞두고 있던 베컴은 이번 파이널이 갤럭시 선수로서 마지막 경기가 될 거라고 공언해 둔 상태였다. 후반전 막판 베컴이 교체 아웃되자 관중들이 기립박수를 보냈다.

어느덧 38세가 되었음에도 불구하고 2013년의 베컴은 월드컵에 또 나가고 싶다는 꿈을 버리지 못했다. 경쟁력을 증명하고 싶은 베컴은 유럽에서 뛸 새 팀을 찾았는데, 그게 카타르 자본의 투자를 받아 세계최강을 노리던 파리 생제르맹(PSG)이었다. 마치 한국의 야구선수들이 미국에 진출했다가 돌아올 때처럼, 베컴은 연봉 전액을 기부하기로 하고 백의종군의 자세로 임했다. 감독은 그를 잘 아는 안첼로티였다. 그러나 베컴의 컨디션은 스타 선수들과 경쟁하기엔 너무 떨어져 있었고 아직 전력이 완성되지 못한 PSG는 베컴을 배려하는 전술을 제공하지 못했다. 즐라탄 이브라히모비치에게 찍어 차 준 패스를 비롯해 어시스트를 2개 기록하긴 했지만 한계를 느낀 베컴은 시즌 종료와 동시에 은퇴할 것을 선언했다.

2013  0518

PARIS SAINT-GERMAIN VS STADE BRESTOIS 29

10

Zlatan
IBRAHIMOVIC
이브라히모바치

19

Kévin
GAMEIRO
가메이로

27

Javier
PASTORE
파스토레

32

David
BECKHAM
베컴

14

Blaise
MATUIDI
마튀디

20

Clément
CHANTOME
샹톰

5

Siaka
TIENE
티에네

3

Mamadou
SAKHO
사코

6

Zoumana
CAMARA
카마라

26

Christophe
JALLET
잘레

30

Salvatore
SIRIGU
시리구

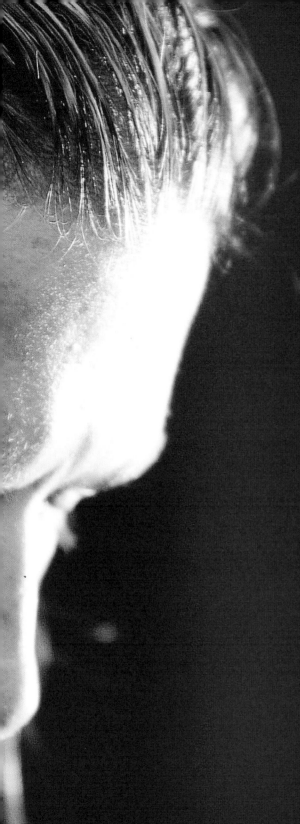

어떻게 사람이어 별명이 헤어스타일

베컴의 역대 머리 모양

데이비드 베컴의 수많은 별명 중에는 실제로 헤어스타일이라는 게 있다. 그런 별명이 붙을 정도로 머리모양을 자주 바꿨다는 뜻이다. 맨유 시절 동료들의 사진을 보면 이해하기 쉬운데, 당시 영국 축구선수의 머리라는 건 1) 완전히 민다 2) 반삭 3) 대충 기른다 이상 셋 중 하나였고 다른 선택지는 절대 없었다. 머리 모양에 신경 쓰는 것 자체가 남자답지 못한 행동처럼 취급당하던 시절이다. 베컴은 그 사이에서 마치 백스트리트 보이즈같은 예쁜 머리에 젤을 발라 정리하고 다녔다. 그의 머리모양은 당시 한국과 일본의 젊은 남성들에게 엄청난 영향을 미쳤다. 베컴과 똑같은 머리를 열심히 재현한 뒤 거울을 보고 수많은 사람들이 자존감 하락을 느낀 건 물론이다. 또한 베컴의 머리모양을 보면 한국 남성 아이돌 헤어의 변천사가 그대로 보이기도 한다. 어느 스타일이 H.O.T 같고 어느 스타일이 2PM 같은지 찾아보시길.

패션에 대해 돌아볼 때와 마찬가지로, 그의 헤어스타일 변천사를 보면 그저 멋있어 보이는 머리뿐 아니라 남들과 다른 스타일로 개성을 갖겠다는 패셔니스타의 마음가짐이 느껴진다. 한일 월드컵 당시 그를 선망하는 수많은 일본인과 직접 만날 기회였음에도 잘생겨 보이는 스타일 대신 가운데만 남기고 밀어버린 행동이 대표적이다. 그런 베컴이 후회하는 단 한 가지 헤어스타일이 있다. 넬슨 만델라 전 남아프리카 공화국 대통령을 만날 때 베컴은 흑인들의 스타일인 콘로우를 하고 갔다. 당시에는 존경을 표하는 제스처라고 생각했지만, 그 머리를 하고 만델라와 찍힌 사진을 보며 어설픈 흉내로 보일 수도 있다는 걸 깨달았다고 나중에 털어놓았다. 최근 대두된 문화적 도용(cultural appropriation)이라는 개념에 따르면 비판받을 수도 있는 행위였다. 즉 베컴은 못생기게 보일 수도 있는 스타일에는 후회하지 않는다. 남에게 상처가 될 수도 있었던 스타일을 후회할 뿐이다.

1998 2000
2001 2002

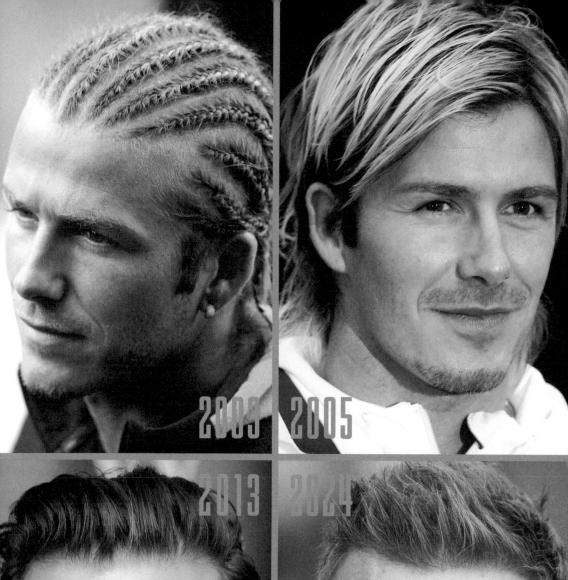

2003 2005

2013 2024

패션의
완성은
열굴

BECKHAM'S OOTD

패션 아이콘의 덕목 중 하나인 아방가르드를 베컴은 훌륭하게 실천해 왔다. 평범하게 쫙쫙 입고 공식 석상에 나설 때도 물론 있지만, 저게 뭘까 싶은 특이한 패션을 선보일 때 더 화제를 모은다. 그가 두각을 나타냈던 1990년대에 잉글랜드 축구계가 여전히 마초적이었기 때문에 베컴은 한층 특이한 존재였다. 프로 초창기에는 라커룸의 거울 앞에서 머리를 고정하려고 헤어 제품만 발라도 동료들의 놀림을 받았다고 한다. 남자다운 스타일이 따로 있는 게 아니라, 아예 어떤 스타일도 추구하지 않는 게 당시의 정답이었다. 남자는 꾸미면 안 된다는 통념이다. 그러나 베컴의 생각은 달랐다. 1990년대 기준으로 영국 신세대 남성들이 '여성성'을 거부하지 않고 받아들이면서 치장에 관심을 쏟기 시작한 현상을 메트로섹슈얼이라 불렀는데, 베컴은 그 대표주자였다. 또한 게이 아이콘으로 사랑받는 것에 대해서도 베컴은 긍정적인 반응을 보였다. 패션에 대한 베컴의 관심은 타고난 것이다. 8살 때 어머니가 보는 웨딩 잡지를 훔쳐봤고, 어렸을 때 발레슈즈를 신어본 적도 있다. 이처럼 도전을 두려워하지 않는 취향은 자신이 얼마나 잘 생겼고 옷태가 좋은지 알아서이기도 하겠지만 동시에 옷에 대한 관심이 많고 새로운 룩을 탐구했기 때문이기도 하다. 빅토리아와 취향을 교류하고, 빅토리아가 아예 패션업계에서 사업을 전개하기 시작하자 베컴도 더욱 고도로 계산된 패션을 추구하기 시작했다.

베컴은 무난한 옷을 입어야 할 경우 액세서리로 포인트를 주는 경우가 많았고,
특히 십자가 목걸이를 선호했다.

베컴은 마음껏 여성복을 입고 패션 실험을 하다가도 마음만 먹으면
미남 축구선수의 정석으로 돌아갈 수 있었다. 그럴 때는 선글라스를 즐겨 썼다.

베컴은 다양한 스트릿 패션을 자랑했다. 한창 통 큰 바지를 내려입는 게 유행하던 시절엔
이를 남다르게 소화해냈으며, 모자를 활용하여 힙한 분위기를 연출하기도 했다.

옷 좀 입는 사람이라면 지킨다는 톤인톤 원칙을 베컴은 이미 2000년대 초반에 꿰뚫고 있었다.
꾸미지 않은 듯한 패션에서도 그의 센스는 숨길 수 없다.

베컴은 정장 패션마저도 파격적이다.
광택이 흐르는 새틴 재질은 베컴 특유의 시크함을 돋보이게 했다.

베컴은 많은 패션쇼에 꾸준히 참석하며 깊은 인상을 남겨왔고, 아내인 빅토리아 베컴과 함께
패션쇼에 참석할 때면 세련된 무드의 커플룩을 연출하곤 한다.

독특한 킥 자세와

매커니즘에 대해

SIR BEND-A-LOT

베컴의 정교한 킥은 농구의 3점 슛과 비슷해 보이지만 사실 완전히
다르다. 실내종목은 대부분의 변인이 통제된 가운데 본인만
정확성을 발휘하면 된다. 반면 축구는 매번 똑같은 자세와 똑같은 강도로 킥을 하는
게 거의 불가능할 뿐 아니라 수많은 변수에 의해 오차가 발생한다. 바람의 방향,
습도로 인한 공기의 저항, 잔디의 높이, 경기장의 물기 등이 그것이다. 어느 정도
경지는 프로 데뷔 이후의 훈련으로도 도달할 수 있다. 하지만 근본적인 킥의 감각을
익히려면 타고난 재능에 더해 어린 시절의 훈련이 필수다. 어렸을 때부터 장애물이
있는 킥을 반복했던 연습이 수비벽을 살짝 피하는 감각을 길러줬고, 어두운 곳에서
킥을 하던 경험은 시각 정보를 넘어 감각적으로 킥을 할 수 있도록 만들어줬다.
"수만 번, 어쩌면 수십만 번 연습했다. 근처 공원에 공을 가지고 가서 그물이 쳐진
창문을 향해 계속 찼다. 아버지가 퇴근하시면 나와 골대 사이에서 수비벽 역할을
하셨다. 그를 맞히지 않으려면 감아 차야 했다. 지나가던 사람들이 우릴 보면 분명
미친 줄 알았을 것이다. 해가 진 뒤에도 근처 집 창문에서 새나오는 불빛에 의존해
연습을 이어갔다. 집에 온 뒤에도 축구를 하고 싶었지만 실내에서는 금지였기 때문에
대신 여동생의 곰인형을 발로 차곤 했다. 어머니는 웃으시다가도 내가 축구를 얼마나
사랑하는지 깨달으시게 됐다."
그를 상징하는 가장 대표적인 기술은 좌우로 크게 휘어지는 프리킥이다. 별명 중
'Sir Bend-a-Lot'이 있을 정도다. 아서 왕 전설에 등장하는 원탁의 기사 랜슬롯 경^{Sir}
^{Lancelot}의 이름을 응용한 언어유희인데, 미국 래퍼 서 믹설랏$^{Sir Mix-a-Lot}$ 등 다양하게
응용되는 별명이다. 그 의미는, 그만큼 많이 감아 차신다는 거다.
공이 휘는 기본 원리는 마그누스 효과다. 공기나 물과 같은 유체 속에서 물체가
회전하면서 특정 방향으로 운동할 때, 물체는 이동속도의 수직 방향으로 힘을 받아
경로가 휘어진다. 이 현상을 발견한 독일인 과학자 하인리히 마그누스의 이름을
땄다. 베컴처럼 오른발 엄지발가락 근처 뼈로 감아 차면 공은 왼쪽으로 회전한다.
회전에 의해 왼쪽의 공기가 더 빨리 흘러가기 때문에 왼쪽의 기압이 낮아져 그쪽으로
궤적이 틀어지게 된다. 이 효과는 좌우뿐 아니라 상하로도 작용하기 때문에 회전을
위아래로 걸면 공이 중력의 영향으로 내려오다가 슬쩍 떠오르는 느낌을 줄 수도 있고,
반대로 더 가파르게 떨어지게 만들 수도 있다. 이런 다양한 회전 방향은 주로 야구의
투수들이 구사한다. 또한 항공기가 떠오르게 해 주는 원리 중 하나도 날개 위아래로
지나가는 공기의 속도가 달라 생기는 마그누스 효과다.
베컴은 최적의 회전을 주기 위해 자신만의 자세와 방식을 개발했다. 보통 딱 다섯
걸음 도움닫기하고 차는데, 걸음 수는 매번 같고 킥의 강도에 따라 달려오는 속도만
달라진다. 그리고 디딤발보다 더 오른쪽에서 킥이 이뤄지기 때문에 좌우 균형을
맞추기 위해 왼팔을 높이 들고 몸을 왼쪽으로 눕혀 좌우로 긴 형체의 가장자리에서
임팩트가 이뤄지도록 한다. 킥 직후 디딤발의 발목이 아예 꺾여 잔디 위를 스치다가
킥한 오른발로 착지하는 것이 베컴의 가장 유명한 특징이다. 한국의 모래 운동장에서
수많은 학생들이 따라 해 보려고 하다가 추하게 넘어졌던 기술이기도 하다. 다만 매번
디딤발이 꺾이는 건 아니다. 회전을 많이 주지 않고 직선으로 강하게 차는 경우도
있는데 그럴 때는 디딤발을 단단히 박고 킥한 뒤 그 자리에 바로 멈추는 경우도 있다.

RANKING

1 2 3 4 5 6 7 8

베컴의 프리킥은 역대 몇 위인가?

베컴은 축구 역사상 열 손가락 안에 드는 위대한 프리키커. 사실 은퇴 당시에는 4위로 알려져 있었는데 후배들이 치고 올라오고 있어 몇 년 뒤에는 7위까지 떨어질지도 모르겠다. 확실한 건 한동안 10위 밖으로 밀려날 일은 없다는 것과 프리킥으로 강한 인상을 남겼다는 측면에서는 베컴이 최고라는 점이다. 통계마다 프리킥 성공 숫자는 조금씩 달라지는데, 영국 데일리메일의 최근 기사를 바탕으로 현역 선수들의 추가기록을 검토했다. 기준은 2024년 5월 31일이다.

GOALS

77 주니뉴 페르남부카누

70 펠레

66 빅토르 레그로탈리에 & 호나우지뉴

65 데이비드 베컴 & 리오넬 메시

63 크리스티아누 호날두

62 디에고 마라도나 & 지쿠

60 로날드 쿠만

59 호제리우 세니

EN

GLAND'S SAVIOR

요즘 잉글랜드는 월드컵 4강에도 오르고, 유럽선수권 결승에 두 번 연속 오르기도 한다.
지금에 비하면 베컴 시절의 대표팀은 초라해 보인다. 그러나 어느 쪽이 더 보는 이를 가슴 뛰게 했는지,
어느 팀에 더 감동이 있었는지 묻는다면 두 시대를 다 본 사람은 대부분 베컴 시절을 꼽을 것이다.
베컴은 잉글랜드 대표팀이 최악일 때 대표팀을 이끌며 월드컵 예선 탈락 같은 재앙을 막는 데 그의 재능을 썼다
베컴이 자신의 모든 걸 던져 팀을 구해내곤 했기에, 고작 본선 진출인데도 그 장면은 축구사에 오래 남았다.

> "
> 37세지만 국가대표 은퇴는 요만큼도 생각해 본 적이 없다.
> 아직 은퇴하고 싶지 않다.
> 클럽 축구든 대표팀 축구든 은퇴 계획을 세우지 않았다.
> 스티브 맥클라렌 감독이 날 축출했을 때부터,
> 대표팀에 어울리는 실력을 유지하기 위해 노력해 왔다.
> 그러나 나는 늙었고, 현실을 인정해야 할 때가 있다.
> 그것이 인생이니까.
> "
>
> __ 데이비드 베컴

열 마리의 사자와
한 명의 멍청한 베컴

할아버지가 토트넘 훗스퍼 서포터였다는 점에서도 짐작할 수 있듯, 베컴 가문은 유대계다. 데이비드 베컴은 이를 자랑스러워하며 아들 브루클린의 결혼식도 유대인 전통을 따르도록 했다. 하지만 그의 몸을 덮은 문신을 보면 종교적으로는 기독교임을 알 수 있다. 예수와 천사의 모습도 있지만, 그가 가장 잘 보이는 곳에 새긴 건 십자가다. 문신부터 즐겨 착용하는 장신구에 이르기까지 베컴은 유독 십자가와 인연이 많다.

십자가는 종교뿐 아니라 그의 축구 정체성과도 직관적으로 연결된다. 잉글랜드를 상징하는 깃발은 흰 바탕에 빨간 십자를 그린 성조지(St. George) 십자가다. 보통 대표팀 유니폼은 그냥 흰색이지만, 유독 베컴이 뛰던 시기에는 어깨에 빨간 십자가를 올리거나 가슴에 빨간 줄을 그어 국기를 직접 연상시키는 경우가 많았다. 베컴은 피부에도 옷에도 십자가를 그린 채 국가대표의 아이콘으로서 영욕을 모두 겪었다. 1996년 대표팀에 데뷔한 베컴은 프랑스 월드컵 예선 전 경기에 출장하면서 곧바로 7번과 주전 자리를 차지했다. 두 번째 A매치에서 폴란드를 상대로 역전승을 거둘 때 특유의 찍어 차는 롱 패스로 앨런 시어러의 헤딩골을 만들어 줬다. 예선에 이어 1998년 열린 본선도 순조로웠다. 조별리그까지는. 글렌 호들이 잉글랜드 감독으로서는 특이하게도 스리백을 쓰면서 베컴은 첫 경기를 걸렀다. 그러나 두 번째 경기에서 교체 투입되며 월드컵에 데뷔했다. 1승 1패 상태에서 3차전 콜롬비아를 반드시 잡아야 했는데, 베컴은 아름다운 프리킥 골을 터뜨렸다. A매치 데뷔골을 가장 극적인 시점에 성공시키면서 그의 주전 자리는 탄탄해진 듯 보였다.

문제는 프랑스 중부 도시 생테티엔에서 불거졌다. 16강 상대는 아르헨티나였는데, 포클랜드 전쟁으로 국가 간 적개심이 생긴 데다 1986 멕시코 월드컵에서 디에고 마라도나가 '신의 손' 골을 넣으면서 이기지 못하면 물어뜯기라도 해야 하는 라이벌 관계가 되어 있었다. 경기는 처음부터 감정적으로 고조되어 갔다. 디에고 시메오네가 얻어낸 페널티킥을 가브리엘 바티스투타가 마무리하자, 잉글랜드는 마이클 오언이 만든 페널티킥을 시어러가 넣어 따라잡았다. 그리고 베컴의 스루 패스를 받은 오언이 그의 가장 유명한 골 중 하나인 대각선 고속 드리블 후 오른발 슛을 성공시켜 역전했다. 아르헨티나는 후안 세바스티안 베론의 기습적인 프리킥을 하비에르 사네티가 마무리해 동점으로 따라붙었다.

그때 베컴 인생 최대 시련이 찾아왔다. 시메오네가 그를 뒤에서 덮쳐 넘어뜨린 뒤 태연하게 미안하다는 제스처를 했는데, 쓰러져 있던 베컴이 발끈하며 다리를 거는 듯한 동작을 했다. 훗날 시메오네도 인정했듯이 반칙 없이 넘어가도 될 정도로 약한 발길질이었지만 시메오네는 기회를 놓치지 않고 걸려 넘어지는 시늉을 했다. 마침, 눈앞에 있던 킴 닐센 주심이 레드카드를 꺼내 베컴 앞에 내밀었다. 그 뒤로 잉글랜드는 실점 없이 버텼지만 승부차기에서 두 명이나 선방에 막히는 바람에 탈락하고 말았다.

희생양은 태어나는 게 아니라 만들어진다. 베컴의 퇴장은 멍청한 행동이긴 했으나 바로 레드카드가 나올 정도로 폭력적인 행동은 아니었다. 이후 전개 과정에서 보듯 퇴장이 패배로 직결된 것도 아니었다. 하지만 경기 직후 호들 감독은 "베컴의 퇴장이 큰 영향을 미쳤다"며 사실일지언정 선수 보호와 거리가 먼 발언을 했고 극성스런 영국 신문들은 그를 죽일놈으로 만들었다. 일간지 데일리미러의 1면 표제는

'10마리의 영웅적인 사자와 한 명의 멍청한 꼬마(10 heroic lions, One stupid boy)'였다. 2년 뒤에도
시련은 끝나지 않았다. 유로 2000은 네덜란드와 벨기에가 공동개최했다. 조별리그 A조에서 포르투갈과
루마니아가 8강에 진출하고, 잉글랜드와 독일이 탈락하는 충격적인 사건이 벌어졌다. 독일은 골짜기
세대였으니 그러려니 하더라도 잉글랜드의 경우 맨체스터 유나이티드의 트레블 후 첫 메이저 대회라
세대교체가 진행된 뒤였건만 나아진 게 없었다.

사실 베컴은 제 몫을 또 해냈다. 포르투갈을 상대한 1차전에서 전반 3분 단짝 폴 스콜스의 머리에
공을 배달했고, 전반 18분에는 스티브 맥마나만의 발로 정확한 크로스를 제공했다. 베컴의 2도움으로
일찌감치 잉글랜드가 두 골차 리드를 잡았다. 그런데 직후 터진 루이스 피구의 전설적 중거리슛 골로
시작해 주앙 핀투의 다이빙 헤딩골, 누누 고메스의 역전골까지 나오면서 승부는 뒤집혔다. 2차전은
베컴의 프리킥을 받은 앨런 시어러의 헤딩골로 독일에 1-0 승리를 거뒀다. 이때까지 베컴은 팀의
3골을 모두 만들어냈다. 그러나 잉글랜드가 무승부만 거둬도 살아남을 수 있었던 루마니아전에서
2-3으로 지면서 팀은 나락으로 빠졌다. 루마니아전 역전골을 내준 건 필 네빌의 성급한 태클에서 나온
페널티킥이지만, 그는 베컴만큼 많은 욕을 먹진 않았다.

베컴은 네덜란드까지 쫓아와 자신에게 야유를 퍼붓는 잉글랜드 팬들을 애써 무시해야 했다. 어쩌면
네덜란드 현지인들도 재미 삼아 야유에 동참했을 것이다. 베컴은 결국 포르투갈전이 끝난 뒤 오른손
가운뎃손가락을 들어 관중석을 향해 뻗고 말았다. 케빈 키건 감독은 "터널에서 내가 들은 걸 여러분도
들으셨다면 어땠을까? 믿을 수 없었다. 내가 다 창피하다"라고 말했다. 축구협회 차원에서 선수단의
보안을 강화하겠다는 조치를 발표할 정도로 대표팀을 향한 자칭 축구 팬들의 적개심이 들끓고 있었다.

베컴뿐 아니라 가족까지 시달림을 당했다. 고향집 전화가 도청되기도 했다. 베컴은
무릎을 꿇어야 했던 상황을 오히려 추진력으로 삼았다. 어차피 잉글랜드는 베컴 아니면
의존할 선수가 부족했다. 시어러, 폴 잉스, 데니스 와이즈 등 선배들이 2000년을 끝으로
은퇴하면서 공격과 미드필드 양쪽에 모두 영향력을 미칠 수 있는 베컴의 비중이 커질
수밖에 없었다. 베컴이 숨고 싶어도 후임 감독들은 늘 그를 중심으로 팀을 구성했다.
맨유 선배 에릭 칸토나는 베컴이 언론에 물어뜯기면서 오히려 더 강한 선수가 된
과정을 설명하기 위해 프랑스 신경정신의학자 보리스 시륄니크가 주창한 개념 불행의
치유력(merveilleux malheur)을 끌어온다. '메르베유 말레르'는 국내에 소개되면서 불행의
치유력이라고 의역됐지만, 직역하면 '놀라운 불행'이라는 뜻이다. 잘 대처할 수 있다면
오히려 불행은 삶을 놀랍게 개선시킨다는 것이다. 상처가 회복된 부위가 전보다 강해지는
원리와 같다. 시륄니크는 예술가들을 예로 들면서 그들 인생에 닥친 불행이 오히려 창작의
원동력으로 작용했음을 이야기했는데, 스포츠에서도 같은 작용이 가능하다는 사례가

베컴이다. 단순한 선수를 넘어 문화 아이콘으로 거듭났던 베컴의 마음에 굳은살이 박이는 과정을 이 개념으로 이해할 수 있을 것이다. 그리고 베컴에게는 반전의 기회가 다가오고 있었다. 사실 메이저 대회에서 기대에 못 미친 건 두 대회 통틀어 7경기 3골 1도움을 올린 베컴이 아니라 잉글랜드 대표팀 자체였고, 베컴은 희생제물로서 대신 욕을 먹은 것이나 다름없었다. 게다가 2002 한일 월드컵 예선 첫 경기가 런던에서 열렸는데도 독일에 0-1로 패배했다. 위기의식을 느낀 잉글랜드 축구협회는 키건과 즉시 결별했고, 사상 첫 비영국인을 선임하기로 결정했다. 스웨덴 출신의 스벤예란 에릭손이 이듬해 부임했다. 라치오를 이탈리아 최강으로 올려놓으며 세계적으로 명성을 떨치던 감독이었다.

02

베컴의 킥이 없으면
잉글랜드는 아무것도 아니었다

데이비드 베컴은 스벤예란 에릭손이 부임하기 직전부터 대표팀 주장 완장을 차기
시작했고, 곧 그에 걸맞은 책임감을 발휘했다. 과장 조금 보태면 이때 잉글랜드는 리더십,
경기 운영, 득점까지 모든 부문을 베컴 한 명에게 의존하는 팀이었다. 에릭손 부임 후 첫
월드컵 예선은 리버풀에서 열린 핀란드전이었는데, 홈에서 약체를 상대했음에도 불구하고
선제골을 내주고 끌려가는 볼썽사나운 경기를 했다. 베컴은 전반전 막판 중원에서 공을
지키고 오른쪽 측면의 게리 네빌에게 전개해 주는 롱 패스로 마이클 오언의 선제골까지
이어지는 공격작업의 기점이 됐다. 후반전 초반에는 스콜스의 패스를 받아 오른쪽에서
오른발로 마무리하는 맨유에서의 전형적인 득점 루트를 대표팀에서도 재현했다.

두 달 뒤인 5월 멕시코와 평가전을 치렀는데, 4-0으로 승리한 이 경기에서 베컴의 가장 예술적인 골 중 하나가
나왔다. 수비벽을 살짝 넘겨 골문 구석에 꽂히는 프리킥의 정석이었다. 그리고 월드컵 예선이 재개되자 직접 공을
몰고 중앙선을 넘어 그리스 진영까지 드리블하더니, 거기서 얻어낸 프리킥을 또 성공시키는 등 활약을 멈추지 않았다.
예선의 첫 번째 하이라이트는 지금까지도 회자되는 독일 원정 5-1 역전승이다. 이 경기의 주인공은 환상적인
중거리슛을 꽂아 넣은 당시 21세 스티븐 제라드와 해트트릭을 달성한 오언이었지만, 골 장면들을 찬찬히 보면 그중
4개가 베컴의 기점 플레이에서 시작했다. 특히 2개는 베컴이 문전으로 투입한 공을 공격수들끼리 단 한 번 연계하고
마무리한 것이라 그의 영향력을 느낄 수 있다.
하지만 독일전부터 막판 알바니아전까지 연승을 달렸음에도 불구하고 초반 2경기에서 까먹은 승점이 치명적으로
작용해 결국 이 시점에서 조 1위 확보는 실패했다. 예선 최종전을 앞두고 잉글랜드와 독일은 나란히 5승 1무 1패였다.
잉글랜드 대 그리스, 독일 대 핀란드 경기가 동시에 열릴 예정이었다. 조 1위만 월드컵 본선에 직행하고 2위는
플레이오프까지 치러야 하기 때문에 아직 불안하던 잉글랜드 전력으로는 꼭 1위를 따내야만 했다.
그리스를 상대한 장소는 베컴의 집이나 다름없는 올드 트래퍼드였다. 홈인데도 경기 양상은 엉망이었다. 선제골을
내준 뒤 베컴의 프리킥을 테디 셰링엄이 헤딩으로 마무리해 겨우 동점을 만들었다. 그런데 혼전 끝에 데미스

니콜라이디스에게 또 골을 얻어맞고 1-2로 끌려갔다. 경기 막판이 되자 독일과
핀란드는 0-0 무승부 상태라는 소식이 들려왔다. 잉글랜드가 그대로 경기를 마치면
본선 직행이 무산될 상황이었다.

추가시간이 3분 지났을 때, 딱 좋은 위치에서 얻어낸 프리킥 기회를 살리고자 베컴이
나섰다. 그리고 베컴은 수만 번 해 온 방식 그대로 공을 향해 달려가 왼팔을 크게
돌리며 몸을 눕히다시피 하는 자세로 오른발을 휘둘렀다. 날카로우면서도 빠른
프리킥이 골문 구석에 꽂혔다.

그리고 베컴은 축구계 포토제닉상의 영원한 주인공답게 뇌리에 팍 박히는 골
세리머니로 명장면을 완성했다. 처음엔 양팔을 벌리고 경기장 가장자리로 달려가다가,
곧 포효하며 전속력으로 뛰는 자세로 바꿨다. 그리고 홈 서포터 앞에서 점프하며
오른팔을 하늘로 번쩍 치켜든 뒤 착지하고는 양팔을 쫙 펴고 한 번 더 울부짖었다.
요즘 흔히 보는 방정맞은 춤 세리머니와 달리 날것의 감정을 그대로 전하면서도
몸동작 하나하나가 보는 이의 기억에 영원히 남을 만했다. 극적인 상황뿐 아니라 골과
이어진 세리머니의 시각적 예술성이 쾌감을 더 증폭시키는 장면이었다.

결국 잉글랜드는 독일과 승점이 같은 가운데 골 득실로 간신히 조 1위를 차지했다.
맞대결 전적은 1승 1패였지만 작게 지고 크게 이긴 것이 조 선두를 갈랐다. 어찌나
그리스전이 강렬했던지 베컴은 소속팀 맨체스터 유나이티드에서 별다른 성과가
없었음에도 국제축구연맹(FIFA) 올해의 선수상 2위에 올랐다. 트레블 주역이었던

115

1999년에도 2위였는데 그때와 같은 개인점수를 받은 셈이다.
이토록 그에 대한 의존도가 큰 상황에서 청천벽력 같은 부상 소식이 전해진다.
본선을 두 달여 앞두고 베컴이 중족골 골절상을 입었다. 대회 직전 제주도에서
한국과 잉글랜드가 평가전을 가질 때도 베컴은 벤치에서 동료들을 지켜보고
있었다. 그가 산소탱크에 들어가 회복속도를 당기고 있다는 뉴스가 전 세계에
대대적으로 전해졌다. 결국 베컴은 본선에 맞춰 회복하는 데 성공했다. 그리고
첫 경기 스웨덴전에서 솔 캠벨의 머리에 코너킥을 배달해 1-1 무승부에
기여했고, 4년 만에 다시 만난 아르헨티나전에서 오언이 페널티킥을 따내자
베컴이 마무리하며 4년 전의 복수를 했다. 16강 덴마크전에서는 베컴이 리오
퍼디난드와 에밀 헤스키에게 총 2도움을 제공해 대승을 이끌었다. 그리고
8강에서 호나우지뉴에게 농락당해 탈락했다. 도쿄, 삿포로, 오사카 등지에서
베컴의 활약은 1골 3도움으로 탁월했지만, 어쩐지 예선의 명장면에 비하면
본선이 후일담처럼 느껴진다는 게 특이한 대회였다.
이어진 유로 2004 예선 기간에도 베컴은 잉글랜드 그 자체였다. 예선 초반
4경기 연속골을 터뜨렸을 정도다. 이어진 본선은 양상이 좀 달랐다. 그 사이
세계적인 미드필더로 성장한 제라드, 프랭크 램파드가 주전으로 올라서며
베컴, 스콜스와 더불어 공격형도 수비형도 없는 잉글랜드식 4-4-2의 중원을
이뤘다. 이들은 대단한 시너지 효과를 내진 못했지만 돌아가며 해결사 노릇을
했다. 그리고 신성 웨인 루니가 오언의 보좌를 받아 팀을 이끌어갔다. 8강
포르투갈전에서 루니가 부상당하자마자 승부차기 끝에 탈락했다. 부상이
아니었다면 우승도 노릴 수 있는 경기력이었다.
그럼 기라성같은 후배들이 등장했으니 베컴은 뒷전으로 물러났을까? 여전히
그렇지 않았다. 2006 독일 월드컵 예선에서도 초반 3경기 내내 베컴이 공격
포인트를 올렸고, 그가 아니었다면 질 뻔한 경기가 이어졌다. 본선에서도 베컴에
대한 의존도가 높았던 건 대표팀 경기력이 여전히 기대 이하였기 때문이다.

베컴이 그리스와의 경기에서 보여준 모습은 최고였어요.
그런 큰 경기에서는 단순히 나라를 위해 뛴다는 것
이상의 의미가 있죠. 그는 멋진 경기를 보여주었고,
결국 베컴의 정교한 프리킥이 팀 전체를
월드컵 본선 진출로 이끌었어요.

__ 크리스 스몰링

1차전에서 베컴의 프리킥이 상대 자책골로 이어지며 1-0으로 겨우 이겼다.
2차전은 베컴의 어시스트 2개로 트리니다드 토바고에 2-0으로 승리했다. 16강
에콰도르전은 중계로 봐도 녹초일 정도로 컨디션이 나빴지만 먼 거리 프리킥을
동료에게 올려주지 않고 기습적으로 집어넣는 영웅적인 행위를 택해 1-0
승리를 이끌었다. 그리고 베컴이 부상을 당한 8강에서 포르투갈에 패배했다.
그게 베컴의 마지막 메이저 대회였다. 독일 월드컵 이후 잉글랜드는 베컴에게
의존하지 않는 팀을 공개적으로 선언하며 그를 빼고 대표팀을 꾸리기 시작했다.
하지만 당시만 해도 대성할 줄 알았던 숀라이트 필립스, 키에런 리차드슨, 애런
레넌 등은 베컴의 수준은 고사하고 잉글랜드 주전까지 올라갈 만한 인재조차
아니었다. 베컴 없이 치른 유로 2008 예선에서 초반 3승 2무 1패에 그친 뒤에야
그를 다시 불러들였는데, 베컴은 돌아온 유로 예선 에스토니아전에서 2도움을
기록해 승리를 이끌었다. 하지만 이번엔 부상으로 베컴이 뛰지 못했다. 그동안
1패를 추가한 잉글랜드는 거스 히딩크 감독이 이끌던 러시아 돌풍에 밀려
예선 탈락을 당하고 만다. 베컴에게 의존하지 않는 팀을 만들어보려던 스티브
맥클라렌 감독은 본선까지 가지도 못하고 목이 날아갔다.
베컴은 국가대표에 은퇴란 없다는 철학을 밝히며 국가가 불러주면 언제든 뛸
거라고 말했다. LA 갤럭시 소속이었던 그는 비유럽 리그에서 잉글랜드 대표팀에
선발된 최초의 선수였다. 2008년 3월 프랑스를 상대로 출장하며 잉글랜드인
5호로 100경기를 채웠다. 이후에도 출장을 이어가며 115경기에 도달했지만,
2010 남아공 월드컵 참가 의지를 한창 불태우던 시기 아킬레스건이 파열된 뒤
다시는 A매치에 돌아오지 못했다. AC 밀란 경기에서 인대 부상을 당한 순간
베컴은 오열했다. 파비오 카펠로 감독은 베컴을 뛰지 않는 주장으로서 팀과
동행시켰고, 그는 양복을 입고 동료들에게 조언하며 마지막 월드컵을 치렀다.
그가 책임진 기간 동안 잉글랜드가 딱히 영광을 누리진 못했지만, 확실한 건
세상 어느 대표 선수보다 승리에 목마른 모습으로 존중을 이끌어냈다는 점이다.

베컴은 모두의 모범이 되었습니다.
그는 쉴 수 있는 시간에도 우리와 함께하기를 택했고,
영국 국가대표팀과 2018년 월드컵 유치에 헌신할 분입니다.

_ 파비오 카펠로

COLUMN 먼저 한국 축구 팬들 사이의 오래된 오해를 정리하고 가자. 한창 해외축구에 대한 토론이 활성화되던 2000년대에 데이비드 베컴을 스탠딩 윙어로 분류하는 경우가 있었고, 요즘에도 이 표현이 종종 쓰인다. 하지만 standing winger라는 말을 구글에 검색하면 아예 아무것도 안 나온다. 이런 영어 표현은 없다. 아웃스탠딩(outstanding, 걸출한) 윙어나 롱스탠딩(long-standing, 오래 기량을 유지한) 윙어를 검색한 거 아니냐고 AI가 추천해 줄 뿐이다.

그렇다면 이 한국식 표현에 담긴 함의는 일리가 있을까? 스탠딩, 즉 가만히 서 있는다는 말에는 베컴이 다른 윙어들과 달리 드리블 능력을 갖추지 못했기 때문에 멀리서 크로스를 올리는 플레이를 반복한다는 의미가 내포돼 있다. 그러나 베컴의 롱 패스 하이라이트가 아니라 풀타임 경기를 본다면, 아니 최소한 명장면 하이라이트만 봐도 오해는 풀린다. 베컴의 문전 침투를 통한 득점 장면이나 전속력 질주에 이은 크로스 장면을 통해 스탠딩이라는 말의 어감은 베컴과 동떨어졌다는 걸 알 수 있다. 그는 역동적인 선수였다.

베컴은 당대 잉글랜드에서 가장 전형적인 측면 미드필더이면서 동시에 가장 개성적인 인물이기도 했다. 먼저 그의 전형성은 측면 미드필더도 아니고 중앙 미드필더도 아니라는 점에서 비롯된다. 이게 왜 전형적이냐고 물을 수도 있겠지만 당시 잉글랜드 4-4-2에서 측면을 맡는 자국 선수들은 대부분 이랬다. 예를 들어 당시 프리미어리그 강팀을 대표하는 자국 미드필더들을 나열해 보면 뉴캐슬 유나이티드의 롭 리, 아스널의

잉글랜드 4-4-2 시대의 마지막 상징
베 컴 의 전 술 사 적 위 치

레이 팔러, 리버풀의 대니 머피, 리즈유나이티드의 리 보이어, 반 세대 앞선 첼시의 데니스 와이즈 등이 있다. 이들은 모두 측면과 중앙을 오가며 뛰었다. 구체적인 특정 포지션의 전문가는 잉글랜드식이 아니었다. 전문 수비형 미드필더, 전문 공격형 미드필더, 전문 윙어는 흔히 수입산이었다.

2000년대 초반까지 영국의 4-4-2라는 건 투톱에게 속공 위주 공격을 일임하고, 미드필더는 역할 구분이 희미하며 많이 뛰어다니는 선수 4명을 욱여넣어 에너지 싸움을 벌이는 축구였다. 그래서 맨체스터 유나이티드도 측면에 임시방편이 필요할 경우 공격력을 갖춘 폴 스콜스뿐 아니라 수비 전문 선수처럼 인식되던 니키 버트까지도 배치할 때가 있었다. 그 시절 측면 자원은 윙어라기보다 미드필더에 가까웠다는 걸 보여주는 예시다.

상위권 팀들이 외국에서 전문가 미드필더를 영입해 온 건 좀 더 정돈된 축구를 위해서였다. 가장 정교한 팀으로 꼽히는 아르센 벵거의 아스널이 중앙에 프랑스인 에마뉘엘 프티와 파트리크 비에라, 측면에 네덜란드인 마르크 오베르마스(후임자는 프랑스인 로베르 피레스)와 스웨덴인 프레데리크 융베리 등을 기용한 것이 좋은 예다. 또한 투톱이 경직되는 걸 막기 위해 외국 테크니션이 섀도 스트라이커를 맡는 경우도 흔했다. 맨유의 에릭 칸토나, 아스널의 데니스 베르캄프, 첼시의 잔프랑코 졸라 등이 있다.

외국 대표급 선수를 사올 수 있었던 상위권 팀들은 이처럼 세련미를 더할 수 있었지만, 중하위권 팀은 대부분 영국인이나 아일랜드인으로 구성되기 때문에 현재의 기준으로 볼 때 경기운영이 끔찍했다. 거칠게 말하면 공을 향해 선수들이 우르르 따라다니고, 몸싸움에서 루즈볼 다툼의 승패가 갈리는 축구였다. 학교 운동장에서 공 차는 중학생들을 떠올리면 이해가 쉽다. 그래서 영국 미드필더들의 덕목은 주로 활동량과 투쟁심이었다. 그들의 공격 지원 능력이라는 건 보통 슛의 파워였다. 전술 완성도의 부족으로 경기장 곳곳에 공간이 생겨나기 때문에 그 틈에 강력한 중거리슛으로 마무리하려는 시도가 자주 보였다. 당시 프리미어리그 명장면 하이라이트를 보면 중거리슛이 태반이다.

그런데 영국식의 한계를 털어내기 위해 대륙의 힘을 빌린 다른 강팀들과 달리, 맨유는 오히려 가장 영국적인 방식으로 승부했다. 베컴 또래와 로이 킨까지 주전급 미드필더 전원이 영연방 및 아일랜드인으로 구성돼 있었다. 칸토나가 은퇴한 뒤 투톱 구성도 딱히 섀도 스트라이커가 존재하지 않는 앤디 콜, 드와이트 요크 콤비였다. 맨유의 차별성은 완성도다. 앞서 이야기한 높은 단합력과 선수들의 탁월한 재능에 힘입어 영국식 4-4-2를 극한까지 밀어붙였다. 공격형과 수비형 선수가 구분되는 분업 축구 대신, 미드필더 중 누구든 공을 쫓아가면 나머지 선수들이 빈 공간을 메우며 움직이고 패스를 할 때도 서로 분주하게 주고받으려는 자세가 갖춰져 있었다. 영국식을 끝까지 갈고닦은 결과 아르헨티나 또는 네덜란드에서나 볼 법한 조직적인 축구로 수렴 진화한 것이다.

이런 배경을 이해한다면 베컴은 특이한 윙어가 아니라, 당시 평범한 프리미어리그 측면 미드필더의 스타일을 대변하는 선수이되 기량이 비범했을 뿐임을 알 수 있다. 베컴은 드리블 돌파 능력이 부족했지만 대신 왕성한 체력과 기동력을 살려 공을 따내려 뛰고, 동료가 공을 잡으면 상대 배후로 뛰었다. 측면뿐 아니라 중앙으로 자주 이동하면서 공 근처에 위치하려 했고 양 팀의 플레이가 모두 투박해 공이 흘러나오면 루즈볼을 잡아 중거리슛으로 연결할 채비를 하고 있었다. 그러면서 투톱을 향한 오른발 롱 패스를 수시로 제공해 '킥앤러시'를 이끌었다.

당시 프리미어리그 팀들의 중앙 미드필더들이 하나같이 박스 투 박스box-to-box 성향으로 움직였고 엄격한 의미의 수비형 미드필더가 드물었다는 점은 2004년 주제 무리뉴 감독이 첼시를 맡으면서 노린 핵심 포인트였다. 클로드 마켈렐레는 첼시 첫 시즌이었던 2003-04시즌만 해도 평범한 프리미어리그 미드필더처럼 플레이했다. 그런데 무리뉴는 2004-05시즌 부임하면서 박스 투 박스 미드필더 2명 뒤에 마켈렐레를 추가로 배치해

중원을 역삼각형 3명으로 꾸렸다. 지금 생각하면 별것 아니지만 당시 잉글랜드에서는 혁명적인 아이디어였다. 미드필더끼리 4 대 4로 승부를 벌이는 것에 익숙해져 있던 여러 선수들은 첼시의 마켈렐레가 뒤에서 기다리고 있다가 루즈볼을 주워가는 전법에 크게 당황했다. 다른 강팀들이 첼시를 따라 하기도 하고 첼시 대처법을 연구하기도 하면서 프리미어리그의 축구는 완전히 변했다. 그런데 베컴은 바로 그 전환기 직전에 프리미어리그를 떠났다. 그는 마켈렐레와 자리를 바꾸듯 이적한 선수다. 무리뉴가 완전히 바꿔놓은 잉글랜드 축구의 패러다임을 베컴은 경험하지 못했다. 그럼으로써 오롯이 4-4-2 시대의 아이콘으로 남게 됐다. 윙어도 아니고 중앙 미드필더도 아닌, 많이 뛰면서 킥력과 시야를 갖춘 선수는 잉글랜드 전통 안에서 꾸준히 등장했다. 베컴과 비슷한 시기에 등장한 후배가 스티븐 제라드다. 그리고 베컴 바로 다음 세대의 맨유 후배 중에는 대런 플레처가, 다른 팀에서는 조던 헨더슨이 비슷했다. 기본적으로 중앙 미드필더에 가까운 재능이면서도 오른발 크로스 능력이 눈에 띄어 윙어로도 기용되는 부류다. 결국 헨더슨은 독일인 감독 위르겐 클롭의 지도를 받을 때 4-3-3 포메이션의

우중간 미드필더로서 가장 좋은 활약을 하게 된다. 이는 카를로 안첼로티가 베컴을 활용한 것과 같은 위치다. 측면도 중앙도 아니라는 그들의 경계인적인 성격을 오히려 1인 2역이라는 장점으로 승화한 경우다. 일자 4인 중원이 아니라 다양한 조합을 쓰는 나라로 일찍 이적했다면 베컴 역시 다른 캐릭터로 성장했을지 모른다. 4-3-3 대형에서 오래 수련했다면 측면으로 빠지는 역할도, 최후방에서 롱 패스를 배급하는 역할도 모두 능숙하게 해냈을 것이다.

안첼로티 감독은 베컴에 대해 "위대한 미드필더에게 필요한 요소를 충분히 여러모로 갖추고 있었지만 오른쪽 측면에 주로 기용되면서 모든 재능을 개화시키지 못했다"라고 아쉬워한 바 있다. 선수 베컴의 입장에서 본다면 맨유의 애매한 윙어로 기용되며 재능을 낭비했다고 볼 수도 있다. 하지만 그가 뛰었던 팀 맨유가 4-4-2 전성기의 마지막 시대에서 그 최종 진화형으로서 전성기를 누렸을 때, 베컴이 일반적인 측면 미드필더 이상으로 많은 덕목을 제공해 준 건 4-4-2의 단순성을 뛰어넘을 수 있게 한 중요한 요소였다.

제 2의 베컴은 감스트...?

매일 데이비드 베컴에 대한 기사로 지면을 채우던
신문들, 모이기만 하면 베컴 이야기를 하던 전국의
맨체스터 유나이티드 팬들, 포시 스파이스의 남편에게 관심을 갖던
스파이스 걸스 팬들까지. 베컴이 잉글랜드 축구를 떠난 뒤 많은 이들이
허전해했다. 제2의 베컴은 빠르게 또 연달아 등장했다. 금발 백인,
킥이 좋은 선수, 비리비리하지 않고 악바리라는 인상을 주는 선수라면
적당히 베컴이라는 별명을 붙이곤 했다. 제2의 지네딘 지단, 제2의
호나우두가 훨씬 드물었던 것에 비하면 베컴의 후계자(가 되어 달라고
다들 기대를 건 선수)는 수시로 등장했다. 그리고 그들 중 베컴만큼
위대해진 후계자는 아직 없다.

모르텐 감스트 페데르센

2005-2006시즌 기동력 좋은 축구로 6위에 오르며 많은 사랑을
받았던 블랙번 로버스에는 좌우에 모두 제2의 베컴이 있었다. 일단
왼쪽 윙어 모르텐 감스트 페데르센은 '왼발의 베컴'이었다. 베컴보다
딱 6살 어려 거의 동시대 선수라고 해도 되는 인물이다. 베컴이
프리미어리그를 떠나고 1년 뒤, 노르웨이인 페데르센이 등장했다.
베컴 이후 프리미어리그 최고 프리키커라는 명성을 잠깐이나마
누렸고, 기동력이 좋아 상대 문전으로 파고든 뒤 왼발 발리로
마무리하는 능력도 겸비하고 있었다. 그는 잉글랜드에서 두 번째
시즌이었던 2005-2006시즌에 리그 9골로 큰 활약을 했다. 블랙번과
맨유는 연고지가 가까운 데다 1990년대 우승을 두고 겨룬 적도 있어서
나름대로 라이벌 의식이 있는데, 이 시즌 블랙번은 맨유에 2전 전승을
거두는 무공을 올렸다. 그리고 페데르센은 올드 트래퍼드에서 2골을
모두 터뜨려 2-1 승리를 이끌었다. 한국 스트리머 감스트가 그의
이름을 따 예명을 지었다.

데이비드 벤틀리

같은 시즌 후반기, 블랙번이 홈에서 맨유에 4-3으로 승리했을 때는
오른쪽 윙어 선수가 해트트릭을 달성하며 맨유에 한 방 더 먹였다.
그게 데이비드 벤틀리다. 벤틀리는 좀 더 어렸다. 베컴과 나이 차가
9살이었고, 크리스티아누 호날두보다 겨우 한 살 많았다. 스티브
맥클라렌 잉글랜드 감독이 "차세대 데이비드 베컴이 될 수 있는
선수"라고 공언하면서 더욱 관심을 끌었다. 오른쪽 측면에서 적극적인
돌파를 할 수 있었고, 상대 문전으로 파고들어 직접 오른발 슛을
날린다는 옵션도 있어 심지어 '베컴보다 더 나은 재능'이라는 호들갑이
따르던 시절도 있었다. 얼굴도 베컴만큼은 아니지만 미남이었다.
말년에 대표팀에 복귀한 베컴이 벤틀리와 교체돼 들어가며 상징적인
순간을 만들기도 했다. 하지만 벤틀리는 베컴만큼 열심히 훈련하고
축구에 전념하는 선수가 아니었다. 토트넘 홋스퍼로 이적한 뒤 반짝
두각을 나타내는 듯싶다가 곧 하향세를 탔고, 손흥민이 영입되기 전
토트넘을 떠나 은퇴하면서 그저 그런 선수로 경력을 마쳤다.

제임스 워드프라우스

최근에도 베컴의 환영은 남아있다. 요즘은 프리미어리그를
대표하는 킥력의 소유자에게 이 별명을 붙인다. 그리고 베컴
한 명이 둘로 쪼개진 듯, 잉글랜드인 제2의 베컴은 크게 두
명 존재해 왔다. 프리키커로서 베컴을 계승한 선수는 제임스
워드프라우스다. 베컴보다 19살 어린 워드프라우스는 8살 때
베컴의 그리스전 프리킥을 보고 저 선배님만큼 킥을 잘하고
싶다는 마음을 품었다고 한다. 베컴 키드인 셈이다. 체격도
기술도 평범한 워드프라우스는 프리킥을 엄청나게 갈고닦았다.
사우샘프턴을 거쳐 웨스트햄에서 활약 중인데, 동료에게 올려주는
프리킥과 직접 골문을 노리는 프리킥 모두 베컴 못지않은
위력이 있다. 2023-2024시즌까지 프리미어리그 통산 프리킥
골 부문에서 베컴의 18골에 이어 17골로 2위에 올라 있다.
잔프랑코 졸라, 티에리 앙리, 크리스티아누 호날두의 12골은
일찌감치 넘었고 큰 부상만 없다면 베컴의 기록을 넘어서는 건
시간문제다. 물론 프리미어리그 통산 경기가 265경기였던 베컴에
비해 워드프라우스는 이미 340경기를 넘겼으므로 경기당 득점력
부문에서는 베컴보다 떨어진다.

키에런 트리피어

워드프라우스는 프리킥 달인이지만, 중앙 미드필더로만 뛰어왔기
때문에 크로스를 올리는 모습은 자주 보기 힘들다. 베컴처럼
오른쪽 측면에서 올리는 날카로운 크로스 한 방으로 경기 흐름을
뒤바꿔버리는 선수는 요즘 축구에서 윙어가 아닌 풀백이어야
한다. 그래서 키에런 트리피어도 베컴에 대한 별명을 갖게 됐다.
2018 러시아 월드컵에서 잉글랜드가 4강에 올랐을 때, 방송사
스카이스포츠의 기사 제목이 "키에런 트리피어, 베컴 이후
잉글랜드에서 가장 뛰어난 크로스를 날리는 선수"였다. 베컴보다
15살 어린 트리피어는 맨체스터 지역 출신이지만 유나이티드가
아니라 시티 유소년팀에서 성장했다. 선수로서 발돋움하던
시기 토트넘에서 손흥민 동료로 활약했기 때문에 한국인에게도
친숙하다. 아틀레티코 마드리드를 거쳐 뉴캐슬 유나이티드로 온
30대 경기력이 오히려 더욱 뛰어나다. 킥을 통한 경기 운영에
도가 텄다. 그는 어렸을 때부터 베컴과 안드레아 피를로를 보며
킥을 연마했다고 밝힌 바 있다.

소보슬러이 도미니크

영국 밖에서도 오른발 좋은 선수에게 비슷한 별명을 붙일 수
있는데, 헝가리 미드필더 소보슬러이 도미니크가 대표적인
사례다. 소보슬러이는 오스트리아의 레드불 잘츠부르크에서

키에런 트리피어
Kieran Trippier

잭 그릴리시
Jack Grealish

뛸 때 제시 마시(훗날 대한축구협회가 놓치는 그 감독)로부터 탁월한 킥에 대한 칭찬을 받았다. 이때 '현대축구의 데이비드 베컴'이라는 별명을 얻었다. 마시의 설명에 따르면 "베컴은 감아 차기도 하고 끊어 찰 수도 있는 능력이 있었는데, 소보슬러이도 다양한 방식으로 킥을 할 수 있기 때문"에 붙은 별명이었다. 키커로서 소보슬러이의 특징은 마시의 말대로 다양한 구질이다. 베컴도 감아 차는 것만 잘한다는 대중의 오해와 달리, 이 책에서 묘사된 것처럼 직선으로 쭉 뻗는 중거리슛이나 로빙슛 등 다양한 킥의 감각이 고루 발달한 선수였다. 소보슬러이는 독일의 RB 라이프치히를 거쳐 2023년 리버풀로 이적하면서 베컴의 별명을 갖고 라이벌팀에서 뛰는 선수가 되었다.

플레이스타일은 딴판이지만, 외모와 스타성이라는 측면에서는 잭 그릴리시가 자주 베컴에게 비견됐다. 그를 묘사하면서 베컴을 들먹이는 건 주로 광고를 따냈을 때다. 한국인의 시각에서는 그가 최고 미남이라는 평가에 동의하기 힘들지만, 영국 매체에서 가장 섹시한 선수 투표를 하면 그릴리시가 1위를 하곤 한다. 잘생겼으면서도 다양한 스타일을 과감하게 소화하고 약간의 퇴폐미도 있는지라 영국에서 생각하는 팝 아이콘의 상에 부합한다. 그래서 그릴리시는 일찌감치 각종 브랜드의 광고 모델로 사랑받았고 특히 명품 브랜드의 의류 광고에 자주 등장한다. 즉 반쯤 벗은 몸으로 화보를 찍어대는 게 베컴과 비슷하다는 느낌을 주는 것이다. 그러다 결정적으로 펩시 모델이 됐을 때 '제2의 베컴'이라는 수식어가 붙었다. 펩시는 베컴이 오랫동안 이미지를 대변해 온 브랜드이기 때문이다. 그릴리시는 애스턴 빌라를 거쳐 맨체스터 시티에서 활약하는 지금도 충분히 좋은 선수지만, 큰 무대에서 더욱 강해지는 영웅 본능이 없다. 베컴의 축구적 카리스마까지 물려받는다면 위대한 선수의 반열에 들 수 있는 재능이다.

커리어 관리 측면에서 베컴을 본받고 싶다고 이야기하는 선수도 있다. 미국 대표 미드필더 타일러 아담스는 "베컴처럼 선수 출신 구단주가 되고 싶다"며 미래계획을 짰다. 지도자가 되지 않고 스타 이미지를 활용해 인터 마이애미를 창단한 베컴처럼, 아담스도 미국 축구 산업 속에서 기업가가 되고 싶은 것이다. 그는 자신의 소속팀 본머스의 주주 중 영화배우 마이클 B. 조던이 있다며, '크리드'로 유명한 배우가 응원해 주는 게 선수들에게 영감을 준다는 경험을 밝힌 바 있다. 그래서 B. 조던, 그리고 웨일스 구단 렉섬을 인수해 화제를 모았던 배우 라이언 레이놀즈, 여기에 베컴까지 자신의 롤 모델로 거론하곤 한다.

세계 4대 미드필더 & 4대 스트라이커

한때 축구계에는 4대 미드필더와 4대 스트라이커라는 한국식 용어가 있었다. 3대도 아니고 10대도 아니고 왜 4대였는지는 잘 모르겠다. 아마 유구한 우리의 전통 때문일 것이다. 4방위를 상징하는 사천왕과 4대 신수가 대중문화에 자주 쓰였기 때문인지, 이를 이어받아 애니메이션의 '중간보스' 악당이 꼭 4명인 경우가 많았다. 대중소설이나 만화의 주인공도 4명으로 구성될 때 제일 안정감이 있었다. TV 예능 프로그램 이름이 '4대 천왕'이 아니라 '백종원의 3대 천왕'이었을 때 묘한 이질감을 느낀 사람이 필자 한 명은 아닐 것이다. 포지션별로 최고 선수 4명을 꼽는 문화는 데이비드 베컴 시절 이후로 사라졌다. 이는 사천왕 놀이가 재미없어졌기 때문이 아니라, 너무 확실한 두 명의 슈퍼스타가 등장했기 때문이었다. 2010년 즈음부터는 세상 모든 사람들이 리오넬 메시와 크리스티아누 호날두 중 누가 낫냐는 단 하나의 질문에 매몰됐다. 포지션별로 여러 명의 영웅을 꼽는 건 시시한 일이 되어버렸다. 라이벌 구도가 너무 지겨운 사람들은 웨인 루니와 즐라탄 이브라히모비치를 차례로 끼워 넣어 보려고 했지만, 이렇게 늘려 봐도 삼각 구도가 한계였다. 달리 말하면 2000년 전후는 지네딘 지단이 세계 최고 선수에 가장 가깝긴 했지만 그 지배력이 압도적이진 않았으며, 베컴을 비롯한 다양한 선수들을 끼워 넣어 '4대'로 묶어도 무리가 없는 시대였다. 그래서 4대에 들지 못한 다른 미드필더의 팬들은 베컴이 아닌 우리 후이 코스타(또는 파벨 네드베트나 프란체스코 토티)를 넣어야 한다고 멤버교체를 시도하기도 했다.

데이비드 베컴

베컴의 역량과 스타일에 대해서는 이 책
에 실린 다른 칼럼에서 자세히 이야기
하고 있으므로, 여기서는 4대 미드필더
에 들 만한지 생각해 본다. 계속 강조하
듯 베컴은 포지션이 측면일 뿐 그 정체
성은 윙어보다 미드필더에 가까운 선수
였다. 4대 윙어 부문을 따로 선정하는
게 아니라면 미드필더로 베컴이 포함됐
다고 해서 이상할 건 전혀 없었다. 하지
만 베컴 하면 떠오르는 플레이가 섬세한
볼 컨트롤이나 스루 패스보다는 측면에
서의 크로스다 보니 늘 끌어내리려는 시
도가 이어졌다. 그가 팀에 기여하는 바
를 이해하지 못해 생긴 분위기였다. 한
국에서 이런 논란이 진행되는지 알지 못
한 채, 베컴은 당대 최고 미드필더로서
오랜 기간 활약했다. 해외에서의 인식은
어땠을까. 베컴은 2023년 영국 전문지
'포포투'가 선정한 1990년대 최고 미드
필더 순위에서 15위에 올라 있다. 4위
이내에 든 건 아니지만, 이들 중 베컴보
다 명백히 앞 세대인 디에고 마라도나와
로타어 마테우스 등을 제외하고 나면 대
략 지단, 히바우두, 루이스 피구, 디디에
데샹, 폴 스콜스, 라이언 긱스, 클라렌스
세이도르프, 베컴 정도의 순서가 된다.
여기서 알 수 있는 첫 번째는 해외에서
도 측면 자원과 섀도 스트라이커 성향의
선수들을 죄다 미드필더라는 범주에 포
함시켜 순위를 매겼다는 것이다. 두 번
째는 같은 맨체스터 유나이티드 미드필
더 중에서 스콜스, 긱스에 이어 베컴이
세 번째에 그쳤다는 점이다. 2000년 전
후의 존재감은 분명 베컴이 압도했지만,
이후 10년 넘게 프리미어리그에서 활약
한 스콜스와 긱스의 누적점수가 이들에
대한 평가를 뒤집었다는 걸 보여준다.

지네딘 지단

이젠 리오넬 메시에게 밀렸지만, 한때는 지단을 펠레와 마라도나 바로 다음 반열에 올리는 사람들도 많았다. 아니, 여전히 그런 사람들은 남아있다. 수많은 매체에서 축구 역사상 최고 선수를 꼽을 때 관성적으로 지단을 포함시키곤 한다. 지단이 실제로 이룬 업적을 돌아보면 트로피 측면에서는 프란츠 베켄바워를 넘을 수 없고, 영향력은 요한 크루이프에 한참 못 미친다. 그럼에도 불구하고 지단을 한 시대의 지배자처럼 기억하는 건 그의 결승전 존재감 때문일 것이다. 월드컵 우승과 UEFA 챔피언스리그 우승이 각각 한 차례에 불과하지만, 두 경기에서 모두 인상적인 골을 터뜨리며 하이라이트 필름의 주인공이 되는 마성의 매력 말이다. 앞선 사례가 대중영화의 주인공 같다면, 2006 독일 월드컵에서는 자기 힘으로 프랑스를 결승까지 올려놓은 뒤, 그 유명한 박치기 사건으로 직접 몰락시키며 예술영화의 주인공처럼 삶의 아이러니를 실천했다. 지단이 가진 두 번째 특별함은 그만의 우아하고 아름다운 몸짓이다. 축구를 삼바와 탱고처럼 격렬한 춤이 아니라 발레에 비유할 수 있다면 그건 오직 지단의 플레이를 볼 때만 가능하다. 발레의 그랑주떼처럼 다리를 앞으로 높이 들어 사뿐히 공을 받고, 아무리 압박이 격렬해도 그 사이를 자신의 리듬으로 누빈다. 허둥거리지 않는 우아한 플레이로도 공을 지킬 수 있었던 숨은 비결은 플레이메이커 중 최상위권이었던 그의 덩치와 힘이었다.

루이스 피구

베컴과 비교해도 더 본격적인 윙어였던 선수다. 한국에서는 2002 한일 월드컵에서 송종국을 한 번도 뚫지 못한 선수로 기억되지만, 그 대회를 제외하면 피구가 기대에 못 미친 적은 거의 없을 정도로 가는 곳마다 파괴력이 넘쳤다. 스포르팅CP, 바르셀로나, 레알 마드리드, 인테르 밀란을 거치면서 늘 뛰어났으며 레알 이적 당시 팬들을 배신했다며 세계 최악의 축구선수 취급을 받으면서 악명까지 높아졌다. 20대 초중반의 피구는 좌우 측면을 가리지 않고, 왼발과 오른발도 가리지 않았으며, 슛과 돌파도 가리지 않았던 만능 윙어였다. 포르투갈의 유로 2000 4강 진출을 이끌고 발롱도르까지 수상했던 것도 이 시기다. 레알 시절인 20대 후반부터 30대 초반까지는 스피드가 조금 떨어졌는데 그럼에도 불구하고 느릿느릿 상대 풀백에게 접근하다가 타이밍을 빼앗고 쓱 지나가 버리는 신묘한 드리블 기술을 보여주곤 했다. 지단과 피구가 함께 뛰는 레알은 '스피드 대신 기술'로 축구할 수 있음을 보여주는 드문 사례 중 하나다. 30대 후반 이탈리아 무대에서는 스피드가 더욱 느려졌음에도 불구하고 뛰어난 킥과 패스 능력을 활용해 공격형 미드필더처럼 뛰었다. 피구는 클럽 축구계에서 바르셀로나의 배신자와 지단 뒤의 2인자처럼 기억되지만, 국가대표팀에서는 후이 코스타를 비롯한 동 세대 동료들을 이끄는 슈퍼스타로 기억된다. 국가대항전을 통해 그의 위상은 더욱 상승했다.

후안 세바스티안 베론

베컴과 더불어 4대 미드필더가 맞는지 논란이 일곤 했던 선수다. 논란이 있던 이유는 프로 선수로서 전성기가 세리에 A에서 뛰던 5년에 불과하며, 그중에서도 우승권 팀에서 빛난 기간은 파르마 1년과 라치오 2년까지 고작 3년이었기 때문이다. 당시 가장 뛰어난 미드필더들은 세리에A에 다 모여 있었고, 그중 지단에 이어 두 번째로 뛰어난 선수가 누구인지 고민하던 사람들이 후이 코스타, 파벨 네드베트 등을 제치고 베론을 택한 셈이었다. 베론의 큰 특징은 최근의 케빈 더브라이너에 비견할 만한 장쾌한 패스다. 좁은 공간에서 상대를 끌어들이고 짧은 패스를 내주는 게 지단의 특기라면, 베론은 전방으로 질주하는 동료에게 회전까지 걸린 장거리 스루 패스를 발사하는 게 특기였다. 미드필더의 가장 원초적인 매력을 보여주는 선수가 베론이었다고 말할 수도 있겠다. 그러던 베론은 2001년 맨유로 이적해 베컴의 동료로 두 시즌 뛰게 되는데, 잉글랜드 축구에 적응하는 걸 거부하고 자신만의 경기 리듬을 고집하면서 결정적으로 평가가 하락하고 만다. 베론의 스루 패스를 받은 베컴의 로빙슛처럼 종종 아름다운 장면을 합작했지만 결국 팀에 보탬이 되는 선수는 아니었다. 이후 첼시에서도 좋지 않았고, 인테르에서 부활한 뒤 아르헨티나의 고향팀 에스투디안테스로 돌아가 은퇴와 번복을 거쳐 38세까지 활약했다. 35세에도 월드컵에 참가할 정도로 자기관리는 좋았다.

호나우두

미드필더 중 지단이 그랬던 것처럼, 호나우두는 순수한 시각적 쾌감 측면에서 가장 압도적인 선수였다. 그리고 많은 이들이 꿈꾸는 스트라이커의 이상향에 근접한 인물이기도 했다. 축구 만화에 흔히 나오는, 상대 선수의 태클을 무수히 피해 가며 전진하는 숫돌이 같은 공격수 말이다. 브라질의 다양한 기술로 즉흥적인 아이디어를 떠올릴 수 있었고, 이를 실제로 구현할 수 있는 육체를 갖고 있었다. 즉 여느 공격수들이 발이나 상체만 써서 페인팅을 한다면 호나우두는 몸 전체로 페인팅을 하면서도 상대가 속은 순간 가속하며 빠져나갈 수 있을 만한 엄청난 다리 힘의 소유자였다. 하지만 근력과 유연성을 타고났어도, 이를 감당할 만한 내구도는 타고나지 못했다는 게 문제였다. 초인적인 기술을 성공시킬 때 그의 무릎에는 마치 중력권을 벗어나는 우주비행사처럼 엄청난 부하가 걸렸다. 이 플레이를 반복하면서 부상이 여러 번 이어졌고, 나중에는 좀 덜 뛰는 선수로 플레이스타일을 바꿔야만 경력을 이어나갈 수 있었다. 잦은 부상 때문에 프로 무대에서 꾸준하지 못했고, 이는 챔피언스리그 우승이 없다는 경력상 오점을 낳았다. 대신 월드컵에서는 달랐다. 1998년 대회 결승전을 앞두고 겪은 원인불명의 발작 증상으로 우승을 놓친 아픔을 딛고, 2002년 대회에서는 기량이 좀 떨어진 상태였음에도 불구하고 우승을 이끌었다. 그리고 축구사에 영원히 남았다.

티에리 앙리

빅리그에서 누가 꾸준하게 치명적이었는지 기준으로 따진다면 앙리가 당대 최고였다. 앙리는 아스널에서 8시즌 활약하면서 맨체스터 유나이티드를 두 번 꺾고 우승을 차지했으며 그중 하나는 역사적인 무패 우승이었다. 득점왕은 4회 차지했으며, 그중 두 번은 유럽 전체 득점왕에 해당하는 유로피언 골든슈였다. 단순히 골의 숫자만 많은 게 아니라 잉글랜드에서 가장 매력적인 팀 아스널을 상징하는 선수로서 스타일리시하고 세련된 축구를 이끌어갔다. 윙어와 스트라이커를 모두 소화할 수 있는 선수답게 돌파에 이은 골이 많은 건 당연한 일이지만 당시 앙리는 상대 수비수를 등진 상태에서 날리는 '180도 터닝 중거리슛'이라든지 '셀프 발리슛' 같은 묘기도 곧잘 성공시켰다. 아스널의 빠르고 조직적인 공격전술에서도 앙리가 마침표를 찍거나, 혹은 데니스 베르캄프나 로베르 피레스의 골장면에도 도우미로 출연하기도 했다. 그즈음 프리미어리그 10대 베스트골 영상을 보면 앙리의 골이 적으면 3개, 앙리가 등장한 영상까지 포함하면 절반에 가까울 정도였다. 프랑스 대표팀에서는 비록 지단 옆의 조연이었지만 1998년 월드컵과 유로 2000 우승을 모두 함께했다. 트로피를 찾아 아스널을 떠난 것도 결과적으로는 성공을 거둬, 바르셀로나에서 리오넬 메시의 조력자로서 챔피언스리그 등 전관왕을 함께 완성하며 빅리그 경력을 정점에서 마무리했다.

안드리 셰우첸코

4대 스트라이커 중 호나우두가 대표팀, 앙리가 리그에서 가장 돋보이는 선수였다면, 셰우첸코는 이들에게 없는 챔피언스리그 우승이 있다. 또한 호나우두와 더불어 발롱도르 트로피 보유자이기도 하다. 호나우두와 다른 종류로 공격수에 대한 낭만적 상상을 실현해 주는 선수였는데, '조잡한 발재간 없이도 수비를 무력화할 수 있는 공격수'를 원했던 축구 팬들에게는 셰우첸코의 플레이가 더 치명적이고 날카로워 보였던 것이다. 우크라이나 명문 디나모 키이우에서 챔피언스리그 4강 진출 및 득점왕 신화를 쓰면서 역대 최고의 언더독 공격수로 주목받았다. 예상치 못한 곳에서 충격적으로 등장했다는 것도 다른 4대 공격수들과 다른 셰우첸코만의 매력이었다. 이어 이탈리아의 AC밀란으로 이적해 챔피언스리그 1회를 비롯해 총 5개 트로피를 들어 올렸으며 2004년 비교적 경쟁이 수월했던 발롱도르에서 1위로 선정됐다. 전방에서 스피드와 결정력과 간결한 돌파 등을 모두 보여줄 수 있는 무결점 공격수의 모습을 보여줬을 뿐 아니라, 팀 전술이 요구할 때는 측면수비에도 성실하게 가담하는 등 보이지 않는 기여도까지 높았다. 이처럼 매력적이었던 스트라이커는 30세에 첼시로 이적하면서 평가를 크게 깎아 먹고 마는데, 프리미어리그 활약이 변명의 여지 없이 최악이었고 그 뒤로 친정 밀란과 디나모로 복귀해 봤지만 어느 팀에서도 왕년의 파괴력을 재현하지 못했다.

뤼트 판니스텔로이

오롯한 아우라로 스타덤에 올랐다기보
다는 앙리의 라이벌 격인 포지션에서 주
목받은 선수였다. 4대 스트라이커 중 가
장 노력파였고 대기만성형이었다. 아스
널 감독 아르센 벵거가 그를 관찰하고
나서 영입할 필요가 없다는 결론을 내
렸을 정도로, 공격수로서 타고난 게 적
은 선수였다. 그는 1990년대 네덜란드
를 대표하던 공격수 파트릭 클라위버르
트와 생년월일이 똑같지만 둘의 인생 곡
선과 빛난 시기는 완전히 대조적이다.
천재과였던 클라위버르트가 10대부터
전성기를 누리다가 20대 중반에 급격
한 내리막을 탄 반면, 판니스텔로이는
25세가 되어서야 맨유로 이적하며 전성
기를 시작했다. 원래 네덜란드 하부리그
팀 미드필더였던 판니스텔로이는 10대
후반이 되어서야 공격수로 포지션을 변
경했다. 그 과정은 쉽지 않았다. 수비수
를 등지고 플레이하는 요령부터 새로 배
웠고, 슛 연습을 남들보다 몇 배 많이 했
다. 맨유 이적이 발표되기 직전 무릎 십
자인대 부상이 발견돼 1년을 날리는 위
기도 겪었다. 이 모든 문제를 노력으로
극복했다. 맨유에서 스피드와 힘이 탁월
하지 못했던 판니스텔로이의 가장 큰 무
기는 성실함이었다. 공을 받기 전 끈질
긴 속임동작과 성실한 움직임으로 수비
를 떼어낸 뒤 슛을 날렸다. 그 결과 타고
난 천재였던 3명과 더불어 4대 스트라
이커로 불릴 수 있었다. "그 어떤 아약
스 선수보다도 성실하다." 판니스텔로
이를 설명하는 가장 간결한 문장이다.

03

선수 인생의 마무리가 아니라 사업가 인생의 시작

데이비드 베컴은 끝까지 선수 생활을 연장하고 싶어 했지만 그의 정체성은 어디까지나 활동량 많은 선수였다. 한창때 사람들이 수군대던 것처럼 '베컴은 40대가 되어도 멀리서 킥만 하면서 경력을 유지할 것'이라는 짐작은 빗나갔다. 그는 전속력으로 그라운드를 질주하며 공을 따내는 게 몸에 배어 있었고, 그 플레이가 불가능하다고 느낀 2013년 순순히 경력을 마쳤다.

그리고 베컴이 미국으로 갔던 진짜 이유는 은퇴 이듬해인 2014년부터 드러나게 된다. 베컴은 LA 갤럭시 입단 당시 받아둔 프랜차이즈 가맹권을 발동시키기로 했다. 유럽 축구에 익숙한 사람이라면 하부리그 팀을 인수해 승격시키는 게 창단이라고 느낄 것이다. 독일의 RB 라이프치히가 최근 사례다. 하지만 미국 스포츠는 마치 한국 야구팀 창단처럼 승강제가 없는 대신 새 팀을 만들려면 가입비를 내고 심사를 받아야 한다. 베컴은 투자자를 모아 창단 조건인 2,500만 달러를 지불했다. 연고지를 마이애미로 정했다. 이르면 2016년에 창단 작업을 마무리하는 게 당초 목표였다.

그의 사업수완이 널리 부각된 적은 드물다. 벼락부자가 됐다며 대대적으로 조명되지도 않았고, 마이클 조던처럼 이름을 딴 브랜드가 있는 것도 아니다. 하지만 창단 과정과 미국에서의 행보는 철저히 계산돼 있었고, 그의 계산대로 창단은 순조로웠다. 베컴을 비롯한 창단 멤버들은 마이애미의 잠재력을 높이 샀다. 마이애미 자체 인구는 40만 명 정도에 불과하지만 인근 지역까지 고려하면 시장 규모가 충분했다. 플로리다주의 인구가 2,200만 명인데 축구팀은 갓 창단한 올랜도 시티 하나뿐이었다. 마이애미에는 미국 4대 메이저 스포츠 프로팀이 모두 존재하고 그중 농구팀 마이애미 히트가 르브론 제임스를 앞세워 2012, 2013년 연속 전국 우승을 달성한 직후라 스포츠 열기도 뜨거웠다. 베컴은 구상 초창기에 주차장이 넓은 미국식 스포츠 구장이 아닌 도심 한가운데 위치해 도심부터 행진해 가는 영국 축구장의 모습을 꿈꿨지만 부지를 확보하지 못해 결국 마이애미 외곽의 버려진 경기장을 인수해 리빌딩했다.

무엇보다 라틴 계열 주민의 비중이 70%가량 된다는 점이 중요했다. 미국 축구팀의 주요
고객이 라틴계 주민이라는 점은 현역 시절 자신을 보러 온 LA 관중들을 통해 몸소 느낀
뒤였다. 게다가 마이애미는 미국에서 중남미로 날아가기 위한 허브 역할도 한다. 이
프랜차이즈는 그 자체로도 가능성이 있지만, 중남미 스타를 확보할 경우 가치가 크게
뛰어오를 것으로 보였다. 예상보다 절차가 오래 걸리고, 베컴 측이 지나치게 서두르지
않으면서 실제 창단 선언은 2018년으로 미뤄졌다. 베컴의 미국 진출부터 여러 협상을
도운 연예계의 거물 사이먼 풀러가 이듬해인 2019년까지 동업하다 지분을 팔고 물러났다.
공동창업자 중 자금줄 역할을 한 인물은 일본 소프트뱅크의 손정의 회장이었다. 그리고
2019년 드래프트를 거쳐 2020년 마침내 리그에 모습을 드러냈다. 창단 첫해 간판스타는
아르헨티나 대표 출신 스트라이커 곤살로 이과인이었고, 그의 마음을 사로잡기 위해 아우만
못한 형 페데리코 이과인까지 영입하는 성의를 보였다. 관중 동원은 평균 1만 명을 넘어가며
그럭저럭 자리 잡았지만 성적은 시원찮았다. 베컴은 맨체스터 유나이티드 시절 친구 필
네빌에게 지휘봉을 맡겼다가 실패하기도 했다.
그러다 베컴은 인맥으로 데려온 어설픈 스타가 아니라, 미국으로 향했던 자신처럼 아예
리그의 운명을 뒤바꿀 수 있는 선수를 찾아냈다. 2023년 당시 36세 나이에 파리 생제르맹을
떠나며 새 팀을 찾던 리오넬 메시였다. 베컴은 몸소 겪은 사례처럼 연봉 이상의 파격적인
수익배분, 그리고 장차 프랜차이즈 오너가 될 수 있는 권한 등을 제시했다.

메시를 바르셀로나와 아르헨티나 대표팀에서 모두 지도했던 헤라르도 마르티노 감독을 선임하고 바르셀로나 동료였던 세르히오 부스케츠, 조르디 알바까지 영입하면서 마이애미는 메시의 팀이 됐다. 미국으로 합류한 시점의 실력을 볼 때, 베컴도 당대 최고 스타 수준이었지만 메시는 축구 역사상 최고를 다투는 수준이기에 한 차원 높았다. 그를 위해 모든 걸 맞춰줄 가치가 충분했다. 그리고 메시는 마이애미에 도착하자마자 단기 토너먼트로 진행된 리그스컵(미국, 멕시코 통합 컵대회) 데뷔전에서 프리킥을 꽂아 넣은 걸 시작으로 전 경기 득점(10골)으로 득점왕을 차지하며 창단 첫 우승컵을 선사했다. 이것보다 더 화려한 출발은 상상할 수도 없었다.

메시 영입의 타이밍은 완벽했다. 베컴과 마찬가지로 메시도 대표 경력을 이어가고 싶어 했다. 차이점은 베컴이 A매치 경쟁력을 증명하려고 휴가 없이 유럽 생활을 병행하다가 탈이 난 것과 달리, 메시는 더 증명할 것 없이 인터 마이애미에서 컨디션 조절하며 뛸 만했다는 점이다. 게다가 메시는 남미 선수다. 모국으로 돌아가 A매치를 소화하기에도 마이애미는 좋은 연고지다. 2024 코파 아메리카와 2026 북중미 월드컵이 때마침 미국에서 열리는 건 오히려 메시가 장거리 비행을 최소화하고 대표팀 생활을 병행하게 해 준다. 그동안 미국으로 건너온 슈퍼스타들은 대표팀과 멀어졌다는 걸 인정하고 적당히 말년을 보냈지만 메시는 동기부여가 충만했다. 몸 관리를 하겠다며 결장하는 경기가 좀 많은 게 문제였지만 정규리그는 쉬엄쉬엄하고 플레이오프에서 집중해 주길 기대할 수 있다. 미국 스포츠 용어로

로드 매니지먼트다.

인터 마이애미는 경기장 그물부터 홈 유니폼까지 분홍색을 전면적으로 도입했다. 대중문화 속 연고지를 적극 반영한 결과였다. 1980년대 드라마 '마이애미 바이스'에서 감각적인 영상으로 유명한 마이클 만 감독이 해안가 하늘과 네온사인의 색을 섞어 감각적인 도시 풍경을 그려냈다. 이후 분홍을 비롯한 형광색이 근육질 남자들과 섞여 있는 건 마이애미의 상징이 됐다. 전략적인 선택이었다.

돌아보면 베컴의 경력 마무리는 축구의 신들과 어깨를 나란히 한다. 축구사를 통틀어 가장 위대한 선수는 펠레, 현역 중 유일하게 펠레의 아성에 도전하는 선수는 메시다. 둘의 공통점은 미국에서 선수생활 말년을 보냈다는 것이다. 미국은 프로축구에 큰 관심이 없지만, 종목을 초월한 상품성이 한 개인에게 부여될 경우 엔터 산업의 본고장으로 그를 데려오기 위해 공을 들인다. 고작 스타 한 명을 통해 미국의 프로축구 산업이라는 신사업을 개척한다는 꿈을 꾸는 것이다. 베컴의 실력은 펠레와 메시에게 미치지 못했지만 한 시대의 아이콘으로서 갖는 비중은 못지않았다. 펠레 시절에는 그가 뛰는 경기만 화제를 모을 뿐 미국 축구를 근본적으로 끌어올리지 못했다. 반면 베컴을 시작으로 메시까지 이어지는 MLS 시대의 성장은 세계 축구계의 구조를 흔들 잠재성을 갖고 있다. 베컴은 아이콘으로 소비되는 걸 넘어 사업가로서 그 흐름을 이끌어가려는 야심을 갖고 메시의 회장님이 됐다.

누군가 인터 마이애미에 메시가 있다는 것을 상기시킬 때마다,
그 사실을 믿기가 어렵습니다.
저는 구단주로서 최고의 선수를 우리 팀에 영입한 것이 자랑스러워요.
그는 미국의 차세대 축구 선수들에게 영감을 주고,
바로 그게 우리에겐 중요한 일입니다.

BECKHAM FILM

SHOOTING LIKE BECKHAM 슈팅 라이크 베컴

원제는 'Bend It Like Beckham' 즉 베컴의 프리킥처럼 현실의 난관을 피해 가라는 의미가 담겨 있다. 베컴의 팬인 인도계 영국인 소녀가 가족의 반대를 극복하고 축구선수가 되는 이야기다. 저예산으로 제작돼 호평과 더불어 흥행에도 성공했다. 할리우드에 진출하기 전 키라 나이틀리, 조나단 리스 마이어스도 볼 수 있다. 마지막 장면에 베컴 부부가 직접 등장하는데, 베컴의 허락하에 닮은꼴 전문배우 앤디 하머가 대신 출연했다.

GOAL 골 시리즈

축구 소재 대중영화로 야심만만하게 제작됐지만 큰 흥행은 하지 못했던 시리즈다. 뉴캐슬 유나이티드에서 뛰는 첫 영화는 베컴이 카메오 수준이고, 이번에도 하머가 베컴의 대역으로서 일부 장면을 대신 촬영했다. 레알 마드리드 이적을 다룬 두 번째 영화는 좀 더 본격적으로 출연해 연기를 선보인다. 2차 시장으로 직행한 3편의 경우 베컴이 직접 출연하진 않지만 그의 경기영상이 삽입돼 있다.

CAMEO 카메오 활동

영국 출신 영화감독 가이 리치의 두 작품에 카메오 출연했다. 첩보극 '맨 프롬 엉클'에서는 양복 입은 모습을 볼 수 있고, 판타지 시대극 '킹 아서: 제왕의 검'은 엑스칼리버 앞에 선 아서 옆에서 빨리 뽑으라고 재촉하는 역할이다. 갑옷을 입고, 얼굴에 흉터와 휘어진 코 등 베테랑 군인처럼 보이는 특수분장을 했지만 단박에 알아볼 수 있다. 얼굴을 보고 '누구시더라' 생각하던 사람들도 꽤 긴 대사를 들으면 베컴의 목소리를 알아챈다.

DAVID 데이비드

베컴을 소재로 한 일종의 현대미술 작품이다. 영화감독 샘 테일러존슨이 베컴의 자는 모습을 107분이나 되는 영상에 담았다. 레알 마드리드 훈련 후 호텔로 돌아와 낮잠을 자는데, 그 얼굴에 카메라를 들이대고 함께 관찰하는 게 내용의 전부다. 감독은 미켈란젤로의 조각 작품에도 영감을 받았다고 하고, 좀 더 비슷한 앤디 워홀의 1964년 작품을 참고했다고 한다. 원래 전시 작품이다. 딱히 찾아서 볼 필요는 없다.

BECKHAM ADVERTISING

PEPSI 펩시

왕년에 유행했던 축구 스타 단체 캐스팅 광고 중에서도 유명한 한 편. 한 중세 마을에 숨겨진 펩시를 약탈하러 침략자들이 들이닥친다. 이때 갑옷을 입은 베컴이 등장해 현란한 가죽 공 리프팅으로 적군을 교란하기 시작하고, 패스가 라울, 토티, 갑자기 배경음악을 삼바로 바꾸는 호나우지뉴, 다시 베컴을 거쳐 카를로스의 UFO 킥으로 마무리된다. 강슛을 맞은 약탈자들의 수레가 박살 나며 주민들은 펩시를 되찾는다.

▶ https://youtu.be/8CUVkgSPLOs?si=ZNIYK6y2VzNxyL0j

H&M H&M

인연이 깊은 영화감독 가이 리치가 연출했고, 의류 브랜드 H&M의 베컴 언더웨어 라인 광고에 본인이 직접 출연했다. 지나가는 자동차 문에 샤워가운이 끼면서 팬티 바람이 되자, 이를 되찾기 위해 주택가의 수많은 사람들 사이를 가로지른다는 단순한 내용을 핑계 삼아 베컴의 여전한 몸매와 국방색 팬티를 계속 보여준다. 2편은 광고 촬영장을 배경으로 하는데 처음부터 팬티만 입고 있던 베컴이 모험 끝에 돌아왔을 때 그마저 벗겨진 상태다.

▶ https://youtu.be/DtwDM97-PQs?si=ZEhChb9TCc57YWNZ

DEADPOOL 2 데드풀 2

현실 반영 개그로 가득한 영화 '데드풀'에서 주인공 데드풀은 베컴의 목소리를 놀리는 농담을 했다. 그리고 속편 개봉을 앞두고 공개된 광고에서, 베컴이 전작을 보고 불쾌해하자 데드풀이 찾아가 사과하는 모습을 코믹하게 담아냈다. 하지만 베컴은 "내 목소리를 놀렸다고 사과하러 온 거야? 이런 영화들 만들어서 사과하는 줄"이라며 '그린 랜턴' '블레이드 3' 등 배우 라이언 레이놀즈의 아픈 과거를 들춰낸다.

▶ https://youtu.be/uxbQATBAXf8?si=YDkrGqCS3abOlhWU

RAY 레이

감자칩 브랜드 레이는 한때 베컴이 뛰었던 AC 밀란과 파리 생제르맹이 맞대결을 벌인 산 시로 경기장에서 이벤트를 열었다. 원래 앙리가 축구 팬의 가정집에 기습 방문해 함께 레이를 먹으며 시청한다는 전편이 있었다. 이어지는 후속편은 산 시로에서 경기가 열리기 직전 레이를 가진 사람을 즉석에서 찾아 베컴, 앙리의 바로 옆자리에서 경기를 보게 해 주는 내용이다. 연출된 상황이 아니라 진짜 실시간 진행된 이벤트였다.

▶ https://youtu.be/LLl38OdS_q8?si=zeREdo8ymeUnyAxa

베컴은 좋은 친구다. 그리고 내가 말씀드리는데 그는 굉장히 영리하다.
일년에 3,000만 유로씩 번다지 않나. 그러니까 영리하지.
플로렌티노 페레스_레알마드리드 회장

축구계에서 벌어지는 극적인 사건들은 포뮬러1보다 훨씬 심하다.
게다가 잉글랜드에서 축구는 최고 인기 종목 아닌가.
베컴은 굉장히 강한 정신력을 가진 사람이다.
그 모든 사건에도 불구하고 축구와 훈련에만 집중하더라.
그리고 경기장에서 보여주는 모습으로 대중을 다시 돌아오게 만들었다.
막스 페르스타펜_레이싱 드라이버

부정적으로 말하는 사람들이나 베컴을 질투하거나 미워할 것이다.
왜냐하면 베컴에 대해 있는 대로 말하자면 부정적인 면이 없기 때문이다.
즐라탄 이브라히모비치

사람들의 머리에 남아있는 건 베컴의 굉장히 헌신적인 태도다.
그는 겸손함을 타고났다. 타고난 덕목은 영원히 변치 않는다.
아르센 벵거

3주 전에 데이비드의 전화를 받고 이야기를 나눴다.
내게 해 준 말에 대해 정말 감사드린다.
그가 전해준 메시지는 정말 진솔하고 도움이 되는 것이었다.
해리 매과이어

어린 시절엔 누군가를 따라하기 마련이다.
내겐 데이비드 베컴이었다. 그리고 지금까지도 마찬가지다.
그가 질주하고 공을 차는 방식을 따라 하고 싶었다.
세바스티안 라르손

내가 긴팔 유니폼을 입는 건 베컴 때문이다.
베컴은 훌륭한 선수였고 내 아이돌이었다.
앙투안 그리즈만

베컴은 겉보기에 축구를 쉽게 하는 것 같다.
어떻게 그렇게 하는지 모르겠다.
그는 마치 팝스타 같다.
나로선 불가능한 일이다.
지네딘 지단

베컴이 영국 최고의 공격자원인 이유는 신이 주신 재능 때문이 아니다.
재능이 부족한 선수 중 대부분은 생각하지 못할 끝없는 노력으로 훈련했기 때문이다.
알렉스 퍼거슨

함께 플레이한 선수 중 가장 뛰어난 패서는 베컴이다.
먼 거리에 공을 보낼 때 그의 발에 레이더가 달려 있는 듯했다.
심지어 공을 차는 순간 나는 소리까지 듣기 좋았다.
크리스티아누 호날두

베컴의 프리킥은 경이롭다. 그의 프리킥이 나보다 낫다.
프리킥이 단순히 파워의 문제가 아니라는 걸 알려주는 그의 킥은 보기만 해도 즐거웠다.

호베르투 카를로스

맨체스터 유나이티드 채널을 켜고 판니스텔로이 골모음 영상을 보든,
앤디 콜 골모음 영상을 보든, 얼마나 많은 크로스가 그들에게 제공됐는지
확인할 수 있을 것이다. 그의 크로스는 득점만큼 훌륭하다.

페테르 슈마이켈

THE PLANNER

인생경영

한때 데이비드 베컴은 한국 TV에서 틀면 나오는 얼굴이었다. 한국에서만 통하는 유행어도 있었다. 2008년 아디다스의 캠페인 광고 중 한 장면. 영국 바닷가에서 한 소년과 나란히 앉은 베컴이 좋아하는 축구선수를 묻자 그 소년은 작은 소리로 대답한다. "제라드요." 이듬해는 모토로라의 휴대전화 광고가 화제였는데, 베컴이 직접 "난 둘 다"라는 한국어 카피를 소화했다. 둘 다 남학생들이 엄청나게 따라 한 대사다. 이처럼 한국에서도 베컴 광고가 자주 나왔던 이유는 간단하다. 엄청나게 찍어댔기 때문이다. 베컴은 분야를 가리지 않는 수많은 광고모델 활동으로 수익을 올렸고 이를 사업 자금으로 썼다. 여기까진 좋은데, 그가 축구선수로서 전성기를 누린 시기가 퍽 오래됐다 보니 '잘생긴 것 말고 선수로서 어떤 능력이 있냐'는 수준으로 기억이 풍화됐다는 게 문제다.

그러나 광고모델뿐 아니라 축구 레전드로서 그의 영향력은 2024년에도 현재진행형이다. 에필로그를 쓰고 있는 오늘 날짜에도 그를 다룬 기사가 4편 올라왔는데 모두 다른 내용이다. 그중 두 개는 광고 계약에 대한 내용인데 영국 오디오 브랜드 바워스앤윌킨스와 새 파트너십을 맺었다는 것, 그리고 내년부터 명품 브랜드 휴고보스의 새 앰배서더가 된다는 것이다. 찰스 3세 영국 국왕의 자선활동을 상징하는 앰버서더 활동도 발표됐다. 또한 이날 킬리안 음바페가 레알 마드리드로 이적하며 그의 후배가 됐다는 이야기를 듣고 환영한다는 인터뷰를 남겼다.

2000년대 후반부터 지금까지 광고에서만 베컴을 본 사람들에게 그의 통산 기록은 퍽 놀랍다. 프로에서 724경기 127골 224도움, A매치 115경기 17골 42도움을 기록했다. 경기당 공격포인트가 프로에서는 0.49개, 국가대표에서는 0.51개니까 대략 2경기당 1개 정도의 공격포인트를 기록했다는 뜻이다. 전설적인 미드필더의 기록으로 손색이 없다. 또한 이 책을 여기까지 읽은 독자라면 결정적인 A매치에서 넣은 골이 잔뜩 묘사됐는데 의외로 득점의 숫자는 적다는 점을 눈치챌 수 있을 것 같다. 베컴은 평가전에서 골이 적었고 월드컵 본선, 월드컵 예선의 중요 경기 등 꼭 활약해야 하는 경기에서 골이 늘었다. 중요하지 않은 경기에서 몰아치는 선수들과는 반대다. 프리킥 숫자만 많은 게 아니라 가장 극적인 순간에 팀을 구원하는 킥을 보여줬기 때문에 스타였다.

베컴처럼 잘생기면 인생이 참 편하겠다 싶을 때도 있지만, 사실 잘난 사람은 이에 맞는 삶을 가꿀 줄 알아야 한다. 맨체스터 유나이티드 미남 스타로서 베컴의 대선배였던 조지 베스트는 선수로서 중압감에 시달리다가 술과 방탕한 생활에 빠졌고, 은퇴 후 커리어라고 할 만한 걸 전혀 쌓지 못한 채 이른 나이에 사망했다. 반면 베컴은 알렉스 퍼거슨의 말처럼 엄청난 노력으로 축구 실력을 일궜고, 아르센 벵거가 전한 헌사처럼 누구보다 겸손하게 뛰는 선수였다. 어려서부터 외모를 가꾸는 데 관심이 많았지만 축구를 등한시한 적은 없었다. 그리고 선수 생활 이후를 치밀하게 설계했다는 점에서 그의 인생 경영 능력은 남다르다. '클래스 오브 92' 동료들 중 상당수가 은퇴 후 이미지를 깎아 먹으며 살지만, 베컴은 '메시를 가진 구단 회장님'이라는 차원이 다른 스케일로 산다. 우리들 모두가 무엇이 현명한 삶인지 고민할 때, 베컴의 준비성은 좋은 참고 자료가 될 만하다.

David Beckham

1ST PUBLISHED DATE 2024. 8. 16

AUTHOR Sunsoo Editors, Kim Jungyong
PUBLISHER Hong Jungwoo
PUBLISHING Brainstore

EDITOR Kim Daniel, Hong Jumi, Lee Eunsu, Park Hyerim
DESIGNER Champloo, Lee Yeseul
MARKETER Bang Kyunghee
E-MAIL brainstore@chol.com
BLOG https://blog.naver.com/brain_store
FACEBOOK http://www.facebook.com/brainstorebooks
INSTAGRAM https://instagram.com/brainstore_publishing
PHOTO Getty Images

ISBN 979-11-6978-036-0 (03690)

DAVID BECKHAM